A MEMÓRIA DE TODOS NÓS

ERIC NEPOMUCENO

A MEMÓRIA DE TODOS NÓS

1ª edição

EDITORA RECORD

RIO DE JANEIRO • SÃO PAULO

2015

CIP-BRASIL. CATALOGAÇÃO NA FONTE
SINDICATO NACIONAL DOS EDITORES DE LIVROS, RJ

N362m
Nepomuceno, Eric, 1948-
A memória de todos nós / Eric Nepomuceno. – 1ª ed. –
Rio de Janeiro: Record, 2015.

ISBN 978-85-01-10323-9

1. Ditadura militar – Brasil. 2. Brasil – História –
Ditaduras na América Latina. 3. Brasil – História – Golpe,
1964. 4. Brasil – Política e governo – 1961-1964. I. Título.

15-19381
CDD: 981.062
CDU: 94(81)'1961/1985'

Copyright © Eric Nepomuceno, 2015
Capa: Lola Vaz

Todos os direitos reservados. Proibida a reprodução, armazenamento ou transmissão de partes deste livro através de quaisquer meios, sem prévia autorização por escrito. Proibida a venda desta edição em Portugal e resto da Europa.

Texto revisado segundo o novo Acordo Ortográfico da Língua Portuguesa.

Direitos exclusivos desta edição reservados pela
EDITORA RECORD LTDA.
Rua Argentina, 171 – 20921-380 – Rio de Janeiro, RJ – Tel.: 2585-2000.

Impresso no Brasil

ISBN 978-85-01-10323-9

Seja um leitor preferencial Record.
Cadastre-se e receba informações sobre
nossos lançamentos e nossas promoções

EDITORA AFILIADA

Atendimento direto ao leitor:
mdireto@record.com.br ou (21) 2585-2002

*Para meu amigo Eduardo Luis Duhalde,
tecelão da memória.*

A memória de todos nós

Durante décadas, especialmente a partir de meados do século passado, os países latino--americanos padeceram, praticamente sem exceção, dos rigores de regimes militares que variavam, em graus que iam da perversão extrema ao genocídio, sua brutalidade.

E como numa espécie de refluxo de uma onda imensa e maléfica, a partir dos anos 80 a democracia representativa foi recuperada e passou a cobrir, com maior ou menor intensidade, praticamente todo o amplo mapa da América Latina.

O ciclo nefasto das ditaduras teve início em 1954, na pequena Guatemala, com a derrubada do governo constitucional do presidente Jacobo Árbenz, um militar visionário e progressista.

Árbenz cometeu a imprudência de tentar uma reforma agrária que favoreceria a população indígena em detrimento das grandes empresas norte-americanas que exerciam o monopólio da produção rural no país, especialmente a United Fruit Company.

Naquele mesmo 1954, no Paraguai de destino sempre incerto, o filho de um alemão que era funcionário de uma cervejaria chegou ao posto de general do Exército. Era Alfredo Stroessner, que estreou a nova patente dando um golpe de Estado contra o presidente Federico Sánchez. Uma vez sentado na poltrona presidencial, Stroessner cometeu uma façanha: foi reeleito nada menos que sete vezes, até ser deposto em fevereiro de 1989. Dessas reeleições consecutivas, pode-se dizer tudo, menos que tenham sido legítimas. O próprio Stroessner se vangloriava de fraudar tão bem suas reeleições.

No ano seguinte, 1955, outro militar, o general Juan Domingo Perón, foi derrubado na Argentina, graças a um golpe dado pela aliança entre setores extremamente conservadores da sociedade civil, sobretudo do empresariado e dos produtores rurais, e as Forças Armadas, e o país mergulhou numa espiral de violência.

É conveniente lembrar, ainda que superficialmente, qual o cenário de nossas comarcas naqueles tempos.

Aqui na América Latina, as tensões crescentes da Guerra Fria ganharam nova dinâmica a partir da vitória da Revolução Cubana, em 1959, que pôs fim à ditadura de Fulgencio Batista, um antigo sargento do Exército que submeteu a ilha a um regime esplendorosamente corrupto e que contava com o beneplácito dos Estados Unidos. Em 1961, o regime encabeçado por Fidel Castro e por um grupo de guerrilheiros barbudos decretou o socialismo em Cuba. Vetado e declarado inimigo por Washington, o novo governo cubano se aliou a Moscou e passou a contar com a proteção e o apoio da União Soviética, que já não existe, mas naquela época era o outro lado da Guerra Fria.

Para os Estados Unidos, impedir que o exemplo cubano se alastrasse continente afora tornou-se prioridade máxima. Qualquer governo com tons progressistas, ou reformistas, passou a ser considerado um adversário perigoso, que deveria ser neutralizado a qualquer custo.

Foi assim que, no dia 1º de abril de 1964, um golpe urdido entre os setores conservadores da política brasileira — muito bem articulados com as elites empresariais, com os meios de comunicação mais poderosos da época (praticamente sem exceção em seu apoio escancarado, quando não em sua cumplicidade direta) e contando com forte apoio logístico, material e financeiro de Washington — teve êxito em seu plano de liquidar o governo constitucional do presidente João Goulart.

Começou então a ser implantada, aqui, a mesma política que pouco depois se espalharia por quase toda a região, numa doutrina que buscava uma roupagem de respeitabilidade espalhando fervorosamente o medo do fantasma do comunismo, embora não se vislumbrasse nada sequer parecido em nossos países.

Em poucos anos se instalaram ditaduras militares na Argentina (1966), Chile e Uruguai (ambas em 1973), enquanto se revigorava o regime repressor de Alfredo Stroessner no Paraguai. Na Bolívia, sucediam-se governos instáveis, cuja característica mais visível era a mesma de seus vizinhos sul-americanos: repressão interna e extrema dependência externa dos Estados Unidos.

Ocorreram, em alguns países, breves períodos em que se tentou restabelecer a democracia representativa, como na Argentina em 1973. Passada a tentativa, o que veio foi uma das mais brutais ditaduras de um cenário pródigo em truculências e abusos, a que durou de 1976 a 1983.

Houve, enfim, uma etapa em que as coincidências se inverteram, ou seja, esses mesmos países souberam, cada um à sua maneira, recuperar a democracia representativa. Isso aconteceu a partir de 1983, precisamente na Argentina, e logo mais no Uruguai, no Brasil, no Peru e, sete anos depois, no Chile.

O fim do período de breu dos chamados regimes de exceção — na verdade, ditaduras nascidas de golpes militares francamente apoiados, quando não diretamente engendrados, pelas elites empresariais e econômicas dos nossos países, contando invariavelmente com o apoio e a interferência direta de Washington — significou também o doloroso e necessário reencontro com o passado e suas mazelas.

Após a realidade forjada e mantida ao longo de anos, às vezes décadas, abriu-se a brecha para que fosse recuperada a memória, resgatada a verdade e feita a justiça.

De caso em caso, esse reencontro com o passado e esse resgate da verdade e da memória foram mais — ou menos — bem-sucedidos em nossos países, de acordo com uma série de circunstâncias, que, muitas vezes, significaram limitações e, em outras, impossibilidades.

Houve países em que se começou avançando de maneira célere para logo se retroceder e só mais tarde ser retomado o rumo inicial. Em outros, o processo se deu de maneira extremamente lenta no princípio, para depois avançar. E houve ainda aqueles que, apesar de pressões e limitações, souberam manter o vigor na hora de remoer o passado.

Com raríssimas exceções, porém, esses processos foram iniciados tão logo a democracia representativa foi reinstaurada. Uma dessas exceções foi o Paraguai, que levou catorze anos após o fim da ditadura de Stroessner para instaurar sua Comissão da Verdade.

Outra, e a mais significativa, foi o Brasil. Aqui, foram necessários 28 anos depois da volta de um civil, José Sarney, à presidência para que a Comissão fosse criada. O Brasil continua sendo um dos países que mais contas pendentes têm com a própria memória. No Paraguai, pelo menos 690 torturadores foram penalizados pela Justiça.

No Brasil, foi só a partir da instalação da Comissão Nacional da Verdade pela presidente Dilma Rousseff, em 2012, que se começou a tentar avançar um pouco mais no lento trabalho de recuperação da verdade e de resgate da memória. Um dos objetivos da Comissão foi apontar os responsáveis pelos crimes cometidos não só por agentes do Estado durante a ditadura, mas também por seus colaboradores civis.

Houve antecedentes importantes, por certo. Mas sempre se tropeça em imponderáveis, na resistência apenas disfarçada de amplos setores diretamente responsáveis pelas violações aos direitos mais elementares na época da ditadura que durou de 1964 a 1985, na omissão dos setores da sociedade que foram ou cúmplices da ditadura, ou altamente beneficiados, ou ambas as coisas. E também numa espécie de indiferença, amplamente estimulada, de parte substancial da opinião pública.

Quanto a fazer justiça, nenhum sinal. A Lei da Anistia ditada em 1979, em pleno regime militar, e revalidada pelo Supremo Tribunal Federal em 2010 significa uma barreira intransponível. A resistência de amplos setores das Forças Armadas explica por que a Comissão, criada em 2009, durante a segunda presidência de Lula da Silva, só pôde ser regularizada, por lei, em novembro de 2011, já no governo de Dilma Rousseff.

Foram precisos mais cinco meses para que enfim se instalasse formalmente, numa cerimônia solene, para a qual Dilma Rousseff convidou os presidentes da retomada da democracia ainda vivos (José Sarney, Fernando Collor de Mello, Fernando Henrique Cardoso e Lula da Silva; Itamar Franco falecera em julho de 2011).

Da parte do Estado brasileiro, o processo até chegar à Comissão da Verdade só ganhou peso e espaço a partir do primeiro governo do presidente Fernando Henrique Cardoso, ele mesmo um perseguido pela ditadura.

Antes, as muitas pressões de vítimas do regime militar, feitas através de movimentos organizados ou não, foram insuficientes para mobilizar a opinião pública a favor de sua causa e também para mover as engrenagens dos governos, de maneira que dessem impulso a um mergulho real, verdadeiro, nas mazelas de um passado que ninguém parecia ou parece disposto a assumir.

O árduo trabalho precursor de vários movimentos, especialmente o Comitê Brasileiro pela Anistia e o Movimento Feminino pela Anistia, conseguiu que ela fosse enfim decretada pelos militares em agosto de 1979, no ocaso do regime.

Nascida do único acordo possível entre a representação parlamentar permitida pelo regime, uma espécie de oposição consentida, e as alas mais flexíveis do governo dos militares, inicialmente foi uma anistia incompleta, limitada, mas que abrigava um ponto em torno do qual não coube discussão alguma: anistiaram-se também os agentes do Estado, os que cometeram violações e crimes de lesa-humanidade. Anistiou-se o terrorismo de Estado. Foi a condição exigida pelo regime e pelos setores políticos que apoiavam a ditadura para que se chegasse a qualquer anistia. Seria do jeito que foi, ou não haveria nada.

Revelar o que ocorreu durante o período em que o terrorismo de Estado foi ativo, porém, tornou-se um tema pendente. A anistia, com todas as suas distorções, foi uma conquista indiscutível. Faltava revelar as dimensões do horror e apontar seus responsáveis. E foi assim que mais tarde, após a retirada dos generais do poder, embora não da cena política, houve outro antecedente especialmente valioso, o projeto "Brasil: Nunca Mais".

Realizado sob o amparo do então cardeal arcebispo de São Paulo, dom Paulo Evaristo Arns, e do reverendo presbiteriano Jaime Wright, o projeto resultou no livro *Brasil: Nunca Mais*, publicado em 1985, que trouxe um espantoso inventário da repressão implantada pela ditadura.

Depois de analisar 707 processos políticos abertos na Justiça Militar entre 1964, o ano do golpe, e 1979, o ano da Lei da Anistia, o livro trouxe um balanço contundente: no período, mais de 7 mil pessoas foram processadas, outras 10 mil chegaram à fase de inquérito judicial, 130 foram banidas do país, quase 5 mil tiveram seus direitos e mandatos políticos cassados. Nas Forças Armadas, cerca de 6.600 pessoas foram punidas — por não terem aderido ao movimento golpista.

Mais do que números, porém, o livro trouxe um amplo e minucioso registro das arbitrariedades e violações dos direitos humanos mais básicos nas masmorras e nos centros de tormento daquela longa noite de breu.

A publicação de *Brasil: Nunca Mais* foi uma importante contribuição para que, dez anos depois, a Comissão Especial sobre Mortos e Desaparecidos Políticos, criada por lei, contasse com uma base sólida para dar início à sua missão. Além do livro e de outros resultados do projeto levado adiante graças, principalmente, a dom Paulo Evaristo Arns e ao pastor Jaime Wright, a Comissão também tomou como ponto de partida os registros de familiares de vítimas da ditadura e de grupos de militantes em defesa dos direitos humanos ao longo de um quarto de século.

Essa segunda etapa de resgate da memória e da verdade começou a se cristalizar em dezembro de 1995, ano inaugural das duas presidências exercidas por Fernando Henrique Cardoso, quando o Estado brasileiro reconheceu, por lei, sua responsabilidade no assassinato — e desaparecimento — de opositores aos diferentes governos que o país teve entre 1961 e 1988.

O trabalho da Comissão Especial tinha como objetivo central reunir informações que levassem ao paradeiro dos desaparecidos e também elucidar as circunstâncias em que ocorreram as mortes de opositores e perseguidos políticos da ditadura. A primeira etapa de sua missão terminou em 2006, já no governo do presidente Lula da Silva. Foram estudados 475 casos, sobre os quais os integrantes da Comissão deveriam decidir pela validade, ou não, da aplicação do direito a receber indenizações do Estado brasileiro. Quase todos foram validados. E, ao mesmo tempo, a Comissão deveria assumir a responsabilidade desse mesmo Estado nos casos estudados.

Em 2007, quando ainda se discutiam detalhes de como (e se) seria criada a Comissão

Nacional da Verdade, a Secretaria Especial dos Direitos Humanos da Presidência da República publicou um alentado volume — *Direito à Memória e à Verdade* — tratando dos trabalhos da Comissão Especial sobre Mortos e Desaparecidos Políticos. O titular da secretaria era Paulo Vannuchi. Trata-se de um documento imprescindível para o resgate daquilo que é estabelecido no seu título: o direito de todos nós à memória, à verdade.

Em 1985, de alguma forma o trabalho do grupo de voluntários arregimentados por dom Paulo Evaristo Arns e pelo reverendo Jaime Wright — precioso trabalho — refletiu, aqui, o que pouco antes havia acontecido na Argentina com a Comisión Nacional sobre la Desaparición de Personas — a Conadep, que organizou o pioneiro livro *Nunca más*, tenebroso relatório das atrocidades de uma ditadura que, entre 1976 e 1983, superou a brutalidade de todas as suas antecessoras.

Na Argentina, calcula-se que tenham desaparecido — eufemismo para os que foram sequestrados e presos de maneira ilegal, torturados, vexados e depois mortos — cerca de 30 mil pessoas.

Mas nesse ponto começam as diferenças entre os processos vividos pelos dois países. Naquele mesmo período de restauração da democracia representativa, a Argentina levou às barras dos tribunais os mais altos responsáveis pelos crimes de terrorismo de Estado e de lesa-humanidade cometidos durante a ditadura.

É bem verdade que houve marchas e contra-marchas, e o processo de fazer justiça só tornou a vigorar a partir de 2003, com a presidência de Néstor Kirchner. Mas é igualmente verdade que o Brasil não passou nem perto daquilo vivido na Argentina durante e depois da ditadura. Se no regime militar brasileiro não foi implantado um plano sistemático de desaparecimentos e de roubo de bebês, na democracia aceitou-se a lei de anistia, decretada nas condições que foi, como um ponto final no assunto. Não se fez justiça, a memória continua enevoada e a verdade ainda é negada.

Em sua retomada democrática e no fim de suas ditaduras, cada país latino-americano viveu e vive seu próprio processo.

O Peru, por exemplo, enfrentou, durante duas décadas, a violência permanente tanto do grupo extremista Sendero Luminoso como do próprio Estado peruano. Em nenhum outro país latino-americano, com a solitária exceção da Colômbia, os grupos de esquerda tiveram a atuação feroz e tão ampla como a do Sendero Luminoso. Terminado o conflito, o Peru teve sua Comissão de Verdade e Reparação, que julgou os dois lados, ou seja, o terrorismo dos extremistas de esquerda e o terrorismo de Estado.

O resultado mostra que dezenas de milhares de peruanos, inclusive meninos e meninas, e em sua imensa maioria camponeses indígenas, padeceram os horrores de um conflito bélico extremamente cruel.

Até o final de 2013, a maioria das recomendações da Comissão peruana, ao término de seus trabalhos, continuava sem ter levado a medidas práticas e concretas. Não houve a reforma estrutural das Forças Armadas, da polícia e do próprio sistema judicial, entre muitas outras recomendações. De todos os casos examinados, um em cada cinco resultou numa sentença condenatória. As Forças Armadas se recusaram a colaborar com as investigações, ou seja, promotores e advogados das vítimas ou familiares não puderam reunir provas suficientes para levar adiante seus processos na justiça.

Com todos esses percalços, e diante de um volume impressionante de vítimas — quase 70 mil, entre 1980 e 2000 —, a Comissão ofereceu bases sólidas para que centenas de guerrilheiros, tanto do Sendero Luminoso como do agrupamento Tupac Amaru, fossem, ao lado de militares das mais diversas patentes, condenados. O próprio presidente Alberto Fujimori foi preso, e preso continua. Além do resgate da verdade e da memória, fez-se justiça. Em pequena parte, por certo. Mas melhor que nada.

Na América Central, vale mencionar, ainda que de relance, o caso de dois países, El Salvador e Guatemala. No primeiro, houve uma selvagem guerra civil que durou de 1979 até 1992. Sua Comissão da Verdade reconheceu as tremendas, tenebrosas violações dos direitos humanos mais básicos pelos diferentes governos militares e promoveu a reconciliação. Na Guatemala, país que durante décadas passou por um sistemático massacre de parte importante de sua população de origem indígena — calcula-se que foram aniquilados pelo menos 200 mil guatemaltecos em um espaço de quatro décadas —, a Justiça, ainda que submetida a marés oscilantes, conseguiu levar aos tribunais, julgar e condenar vários militares da mais alta patente, a começar pelo general-presidente Efraín Ríos Montt, acusado de genocídio.

Mais perto do Brasil, no Cone Sul, Chile, Uruguai e Argentina seguiram seus próprios processos, com maiores — ou menores — avanços no sentido não apenas de resgatar verdade e memória, mas também de fazer justiça.

No Uruguai, por exemplo, não houve propriamente uma lei de anistia, como no Brasil. A ditadura terminou em 1985, com a realização de eleições. No ano seguinte, foi decretada a "Lei da Caducidade", que declarava prescritos — fora de validade, portanto — os crimes cometidos durante os regimes civis-militares. Ou seja, a ditadura.

Em duas ocasiões, o Uruguai, país de tradição plebiscitária, levou a "Lei de Caducidade" ao escrutínio popular, em 1989 e 2009. E, nas duas ocasiões, a maioria dos eleitores votou pela sua manutenção. Ainda assim, as pressões para que fosse feita justiça a torturadores, assassinos, violadores e atropeladores dos direitos humanos prosseguiram com força. Para atender a essas pressões, o então presidente Tabaré Vázquez, da Frente Ampla que reunia partidos esquerdistas e progressistas, usou uma das brechas da lei para que a Justiça investigasse, julgasse e, quando fosse o caso, condenasse acusados de crimes de lesa-humanidade.

Assim, foram levados aos tribunais, e de lá saíram na condição não muito edificante de condenados e presos, vários chefes militares de alto coturno, entre eles o general-presidente Gregorio Álvarez, que governou o país entre 1981 e 1985. Durante algum tempo, o último dos ditadores uruguaios usufruiu das bondades da "Lei de Caducidade". No fim, foi preso.

O próprio ex-presidente Juan María Bordaberry, um títere que fazia de conta que governava o país entre 1972 e 1976, foi alvo dessa brecha legal. Condenado, foi parar em uma penitenciária, em novembro de 2006. Dois meses depois, como sua saúde já estava bastante debilitada, obteve autorização para cumprir sua pena em regime de prisão domiciliar. Morreu quatro anos depois, em julho de 2011, em casa — mas preso. Teve aquilo que seu regime negou a todos os seus adversários: um julgamento justo, com direito a defesa. Morreu sem pena nem glória.

Além dessas tênues brechas numa lei que, para parte substancial dos uruguaios, continua discutível, o Uruguai contou com sua Comissão da Verdade, que contribuiu bastante para desvendar histórias de desaparecidos políticos. A Comissão uruguaia continua seu trabalho de busca de restos mortais das vítimas da ditadura que imperou no país, o qual antes do golpe de Estado de meados de 1973 era considerado uma espécie de modelo de democracia na América Latina.

No Chile, o processo de reencontro com a verdade, a memória e a justiça foi igualmente, ou até mais, tortuoso.

Antecipando-se amplamente ao futuro, em 1978, cinco anos após o violento golpe que depôs o governo constitucional do presidente Salvador Allende, os militares, novos donos do poder, avançaram mais de uma década: decretaram uma anistia a futuro, para vigorar a longo prazo. Eles, que impuseram uma ditadura cujos rigores e truculências não tinham antecedentes na história do país, se perdoaram para sempre.

Em resumo, a ditadura decretou a anistia de todos os agentes do Estado que, eventualmente, fossem alguma vez acusados de cometer crimes contra os opositores do regime.

País de tradição mais conservadora que progressista, mas com uma cultura fortemente legalista, terra de grandes juristas, o Chile, na retomada da democracia, buscou brechas para driblar essa aberração jurídica, ou seja, uma anistia com vistas para o futuro destinada, claramente, a proteger crimes do passado.

Houve comissões de investigação à procura da verdade e do resgate da memória, a primeira delas anunciada em 1990 pelo presidente Patricio Aylwin. Com o título de Comissão Nacional da Verdade e Reconciliação, a sua principal tarefa era, conforme dizia o texto legal, "contribuir para o esclarecimento global da verdade sobre as mais graves violações de direitos" no país e no exterior — sim, porque a ditadura do general Augusto Pinochet ameaçou e matou vários opositores no exterior, de Buenos Aires a Washington, capital do país que mais interferiu para derrubar o governo de Salvador Allende —, desde que "relacionadas com o Estado chileno ou com a vida política nacional".

Confirmando a imagem de que o Chile é um país legalista, apesar das brutalidades da ditadura, na retomada da democracia advogados buscaram brechas na lei de anistia. E encontraram algumas. A primeira delas: crimes de lesa-humanidade, ou seja, contra a humanidade, não prescrevem. E embora boa parte dos juristas considere que qualquer crime contra o ser humano é, por consequência óbvia, um crime contra a humanidade, os chilenos foram hábeis ao circunscrever nessa categoria certos atentados aos direitos humanos, como violações, torturas, sequestros e assassinatos cometidos por agentes do Estado.

Além do mais, os advogados chilenos das vítimas desse terrorismo levantaram a questão dos sequestros: um desaparecido que não reaparece e cujos restos não são localizados e identificados continua sequestrado. Por mais que o Estado, por um recurso legal, declare que estão mortos, na verdade prevalece a figura jurídica do "crime continuado". Ou seja, se alguém foi preso de maneira ilegal em 1973, logo após o golpe de Estado, e nunca mais apareceu, o crime — de sequestro — continua. Não prescreveu nem prescreve.

Graças a argumentos como esses, há vários repressores presos: quando os restos dos desaparecidos foram localizados e identificados, o crime de sequestro se transformou em crime de ocultação de cadáver, que não estava contido na tal lei de anistia.

Entre 1990 e 2004, o Chile teve três Comissões da Verdade. Há uma ironia nessa história: Augusto Pinochet Ugarte, general de Exército, responsável máximo e direto por toda a sangrenta barbárie sofrida pelos chilenos, não foi condenado na Justiça de seu país por esses crimes. Foi condenado, sim, mas por evasão de divisas e fraude fiscal. Mandar matar, torturar, violar, vexar, desaparecer não foram crimes considerados em seu julgamento: prevaleceu a tal lei de anistia antecipada. Acabou condenado por fraudar o fisco. Entre as muitas concessões que a sociedade chilena precisou fazer para ter a democracia representativa de volta, duas merecem destaque. A primeira: continua vigorando a Constituição decretada pela ditadura. A presidente Michelle Bachelet, ela mesma presa política junto com a mãe e que teve o pai, um brigadeiro, morto no cárcere, prometeu rever essa Constituição. A segunda: enquanto viveu, Pinochet ocupou uma banca vitalícia no Senado, assegurando assim sua imunidade parlamentar.

Um dado curioso. No Chile, como no Brasil, as pressões para que fossem investigados os crimes da ditadura começaram bem antes do fim do governo de Pinochet, que só aconteceu em 1990 — foi a última ditadura do Cone Sul a desaparecer.

Já na democracia recuperada, em 2003, a segunda comissão criada — a da Verdade sobre Prisão Política — ouviu o depoimento de mais de 30 mil pessoas, vítimas ou testemunhas da barbárie. Oito anos depois, essa Comissão entregou seu relatório oficial ao presidente Sebastián Piñera, oriundo da direita chilena mais dura, apoiador indireto mas firme do período de Pinochet. Nesse relatório, aparecem pelo menos 40 mil vítimas oficiais da ditadura, sendo que, entre mortos e feridos, foram registrados pouco mais de 3 mil casos. Organismos de defesa de direitos humanos dizem que foram mais.

Nesse meio-tempo, entre uma Comissão da Verdade e outra, entre uma investigação e outra, vários militares chilenos de alta patente acabaram dando com os costados em cárceres. É o caso daquele que talvez seja o mais notório dos repressores, o general Manuel Contreras, o todo-poderoso chefe da Dina, a Dirección de Inteligencia Nacional, o principal órgão de repressão da ditadura encabeçada por Pinochet. Ele foi julgado, teve direito a defesa, e finalmente foi — depois de se defender, de acordo com as normas jurídicas mais elementares — condenado à prisão perpétua.

Em 2010, da cadeia, Contreras, já despojado formalmente do posto de general, disse que se sentia orgulhoso do seu trabalho. Vale repetir: orgulhoso, por exemplo, da morte de chilenos em Buenos Aires, Washington, Roma, para não mencionar no próprio Chile. Orgulhoso. Disse isso na cadeia, onde, se a sentença for cumprida, ficará até o último minuto da última hora do último dia de sua vida inglória.

A Argentina, por sua vez, viveu outro processo e certamente é o país que foi mais longe no que se refere a aplicar a Justiça sobre os responsáveis de crimes de lesa-humanidade e do terrorismo de Estado. Numa primeira etapa, na recuperação da democracia representativa, o presidente Raúl Alfonsín teve papel decisivo.

Em 15 de dezembro de 1983, cinco dias depois de assumir a presidência, Alfonsín baixou dois decretos. O primeiro determinava que fossem julgados os responsáveis pelas duas maiores organizações armadas da esquerda, o ERP (Exército Revolucionário do Povo) e os Montoneros, peronista. O segundo determinava que fossem processados os integrantes das Juntas Militares que se sucederam no governo do país entre 1976 e 1983.

Ao mesmo tempo, Alfonsín anulou a autoanistia decretada pelos militares antes de baterem em retirada e criou a Conadep.

Num primeiro momento, os processos contra os responsáveis pelos crimes de lesa-humanidade foram levados adiante na Justiça Militar. Foi a única condição para que fosse possível abrir esses procedimentos judiciais. Mas em outubro de 1984, a menos de um ano da chegada de Alfonsín à Presidência, a Justiça Civil assumiu o caso. Os julgamentos começaram em abril e terminaram em agosto de 1985.

Foram examinadas 281 acusações. O general Jorge Rafael Videla e o almirante Emilio Massera, integrantes da primeira Junta Militar e símbolos máximos do terrorismo de Estado, foram condenados à prisão perpétua; o terceiro integrante da Junta inaugural, o brigadeiro Orlando Agosti, a quatro anos de prisão. Outro expoente do terror, o general Roberto Viola, que também encabeçou uma das Juntas, foi condenado a dezessete anos de prisão.

Um julgamento dessas proporções não tinha, na época, antecedentes no mundo. Nenhuma das transições entre ditadura e democracia — a da Espanha, a de Portugal, para não mencionar as que aconteceriam depois no Chile, no Uruguai e no Brasil — levou aos tribunais os responsáveis pela sistemática violação dos direitos humanos nesses países.

Alfonsín enfrentou, o tempo todo, a forte reação dos militares. Houve ameaças e arremedos de golpes, e o presidente, sem ter como superar a rebeldia fardada, acabou capitulando e retrocedendo. Suspender os julgamentos e se comprometer a não abrir novos processos foi a única forma de impedir um golpe de Estado que terminaria com a democracia recuperada pouco antes.

O sucessor de Alfonsín, Carlos Menem, foi mais longe ainda nessa caminhada para trás: decretou um indulto geral, devolvendo a impunidade aos condenados.

Finalmente, em 2003, o presidente Néstor Kirchner derrubou, no Congresso, os indultos de seu antecessor, chamados de "leis da impunidade".

Dois movimentos determinantes na luta pelos direitos humanos no país, as Mães da Praça de Maio e as Avós da Praça de Maio, passaram a ter um protagonismo reforçado. Outros militantes da mesma luta foram chamados para integrar o governo, com destaque para o advogado Eduardo Luis Duhalde, nomeado para a Secretaria Nacional de Direitos Humanos, do Ministério da Justiça.

A reabertura dos processos foi um marco. Em dez anos foram condenados mais de duzentos civis e militares, entre eles expoentes máximos da ditadura, como os generais Reynaldo Bignone e Jorge Rafael Videla (que, aliás, morreu de causas naturais no banheiro da cela de uma penitenciária militar).

Os processos continuam em andamento, e militares das mais altas patentes, todos repressores reconhecidos, e também agentes tanto da polícia federal como das polícias estaduais, receberam e recebem penas — que são rigorosamente cumpridas.

Há o caso de pelo menos um capelão militar que acompanhava sessões de tortura e que agora está preso. E também médicos, funcionários de cartórios, advogados, promotores, juízes.

É bem verdade que a última ditadura militar argentina teve características que a diferencia das de países vizinhos. Além do habitual rol de violações de direitos humanos, torturas, espancamentos, estupros e assassinatos que ocorreram como nos vizinhos, as seguidas Juntas argentinas desenharam, implantaram e mantiveram procedimentos não registrados em outros países.

Um deles foi o plano sistemático de roubo de bebês nascidos em cativeiro, cujas mães foram assassinadas. Esses bebês foram entregues a famílias consideradas "ideologicamente puras" e criados com falsa identidade.

Outro plano, inexistente nos vizinhos, foi o dos "voos da morte", quando presos recolhidos a centros ilegais e clandestinos de repressão eram dopados, levados para aviões e despejados vivos sobre o rio da Prata ou as águas do Atlântico.

Seja como for, e reiterando que se trata de processos políticos diversos, obtidos dentro de circunstâncias próprias e enfrentando limitações específicas, outros países do Cone Sul da América Latina avançaram, cada um à sua maneira, na busca da verdade, da memória e na aplicação da justiça.

No Brasil, os trabalhos da Comissão Nacional da Verdade não terão, como resultado final, o julgamento dos responsáveis por crimes de lesa-humanidade — que também foram, e fartamente, cometidos aqui. Para que isso aconteça, será preciso rever a Lei da Anistia decretada pelos militares no princípio do ocaso da ditadura que foi de 1964 a 1985.

Para ser criada, a Comissão brasileira teve esse preço, e ele foi pago. Quando começou o debate sobre sua criação, a forte resistência das Forças Armadas, apoiada pelo então ministro da Defesa do presidente Lula da Silva, Nelson Jobim, forçou e obteve concessões. A firme oposição do ministro não pode ser considerada um ato isolado, uma mera deliberação pessoal. Obedeceu a circunstâncias específicas, a pressões vindas não apenas das Forças Armadas, mas de outros setores da sociedade — os mesmos que alentam, desde sempre, as vantagens de não se ir fundo nas investigações. Até a instalação da Comissão da Verdade, foram imensas as ações — e nesse ponto os meios de comunicação tiveram papel relevante — para que a questão dos direitos humanos fosse relegada ao passado. Era como se houvesse (e no fim acabou, de fato, havendo) uma espécie de desejo geral de não mencionar o tema. Como se esquecer fosse melhor que saber.

Foi um debate árduo e uma negociação difícil, tudo levado a cabo debaixo da pressão da caserna. Na verdade, sequer era uma iniciativa exclusiva do Partido dos Trabalhadores ou do governo de Lula da Silva. Tratava-se simplesmente de aprovar e implantar a terceira etapa do Plano Nacional de Direitos Humanos, criado ainda nos governos de Fernando Henrique Cardoso, que nas suas duas primeiras etapas previa justamente a instauração de uma Comissão da Verdade.

Para tirar dessa terceira etapa do Plano Nacional de Direitos Humanos os pontos que consideravam inaceitáveis, os militares e o ministro Nelson Jobim lançaram mão de todos os recursos possíveis, inclusive com a ameaça do titular da pasta e dos chefes máximos das três Forças Armadas de abandonarem seus respectivos cargos. O governo de Lula da Silva optou por contemporizar.

As alterações foram muitas e variadas, mas todas específicas. Para começar, alterou-se o prazo do período que seria investigado: em vez de entre 1964 a 1985, exatamente o tempo da ditadura, estendeu-se para 1946 a 1988, com a esdrúxula desculpa de tratar-se dos anos que tiveram duas novas Constituições surgidas em tempos de democracia representativa. Toda e qualquer menção clara e direta ao período militar foi ou extirpada, ou radicalmente adulterada.

No final das contas, e apesar das mutilações coordenadas por Nelson Jobim — um advogado que, assim que assumiu o Ministério da Defesa, mandou confeccionar uniformes de campanha para, disfarçado de soldado, acompanhar manobras militares —, o texto foi aprovado e a comissão foi criada. Instaurá-la, porém, exigiu novos esforços, novas negociações, novas concessões. Vale anotar que Jobim não atuou por conta própria. Foi apenas o aplicado e eficaz intermediário entre quem resistia e quem decidia.

Uma vez instaurada, já no governo da presidente Dilma Rousseff, uma ex-presa política, seus integrantes passaram a enfrentar obstáculos, que vão da impossibilidade de ter acesso aos relatórios internos e sigilosos da ditadura à dificuldade em vasculhar os 16 milhões de documentos dos arquivos do antigo SNI, o Serviço Nacional de Informações, que aliás ainda estavam, mais de um ano após o início dos trabalhos da Comissão, em fase de catalogação e digitalização.

Isso para não mencionar a permanente resistência dos militares, tanto os que estão na ativa como, principalmente, os da reserva. Além de determinados a evitar a exposição pública dos responsáveis por atos de lesa-humanidade, eles estão decididos a evitar que seja identificada a cadeia de comando, na previsão de uma abertura de processos judiciais no futuro distante, mas não totalmente impossível.

De toda forma, a simples existência de uma Comissão Nacional da Verdade ativa é um passo firme, ainda que tardio, na caminhada do Brasil ao encontro com o próprio passado — mentido, negado e falsificado durante décadas.

Um ano e meio após sua instauração, alguns resultados concretos — e valiosos — podem ser observados. Mais do que revelar, a Comissão confirmou, através de depoimentos colhidos, vários assassinatos cometidos por militares e agentes das forças de ordem pública. Alguns casos emblemáticos dos crimes de lesa-humanidade cometidos durante o período dos militares (e de seus apoiadores civis), embora conhecidos, tiveram novos detalhes revelados, e causaram certo impacto na opinião pública.

Além do mais, já não se tratou apenas de ter o relato das vítimas: alguns antigos agentes das forças de repressão contaram, em detalhes, como agiram durante a ditadura, evidenciando que a tese de que ocorreram apenas excessos isolados não se sustenta por um só segundo. Tratava-se de algo sistemático, tramado junto às mais altas esferas do poder e com pleno conhecimento de quem, do lado civil, apoiava a ditadura.

Um olhar de relance sobre o que foi apurado (e seus desdobramentos) sobre alguns casos emblemáticos mostra parte do que permanece oculto.

O destino perverso de Stuart Angel Jones, por exemplo. Até agora, o que havia era o testemunho de um preso político, Alex Polari, que viu como ele foi torturado e morto no presídio militar da Base Aérea do Galeão. De seus restos, nenhuma notícia. Aliás, nem mesmo sua morte jamais foi formalmente assumida pelos responsáveis.

Diante da Comissão Estadual da Verdade, no Rio de Janeiro, um militar reformado, o coronel Lucio Valle Barroso, admitiu pela primeira vez o que já se sabia: que o Centro de Informações de Segurança da Aeronáutica, o Cisa, onde ele servia com o posto de capitão na época do assassinato de Stuart, em 1971, esteve diretamente envolvido no caso. Aliás, o nome de Lucio Barroso era citado na carta em que Alex Polari relatava à estilista Zuzu Angel, mãe de Stuart, o suplício de seu filho, forçado a respirar junto ao cano de escapamento de um jipe militar.

Em seu depoimento à Comissão Estadual da Verdade, Barroso relatou que muitas vezes os presos eram tirados da base aérea do Galeão e levados para outra carceragem do Cisa, no aeroporto Santos Dumont, no centro do Rio. Existe a hipótese de que o corpo de Stuart Angel tenha sido enterrado na cabeceira da pista de pouso do Santos Dumont. Outro militar da reserva, o capitão da aeronáutica Álvaro Moreira de Oliveira Filho, levantou a suspeita, em seu depoimento — este, para a Comissão Nacional da Verdade —, de que talvez os restos de Stuart Angel tenham sido sepultados inicialmente na cabeceira da pista de pouso da Base Aérea de Santa Cruz, na zona oeste do Rio.

Também surgiram novidades importantes, com base em depoimentos já não apenas de testemunhas, mas dos próprios participantes, sobre o assassinato, por agentes do Estado, do deputado Rubens Paiva. Os depoimentos reiteraram que ele foi assassinado pelos militares depois de ter passado por quartéis. Um tenente-coronel do Exército, também da reserva, Paulo Malhães, admitiu (de forma confusa) ter participado dessa ação. Pouco depois de ter prestado esse depoimento, que impactou pela frieza do relato, Malhães foi morto no sítio onde vivia, em Nova Iguaçu, município da violenta Baixada Fluminense. A polícia concluiu que ele foi vítima de um crime comum: assalto. Não houve mais explicações para o fato de somente dois de seus cinco computadores terem sido roubados.

Malhães, em todo caso, não foi o único a admitir, diante de uma Comissão da Verdade, os crimes cometidos. Em vários outros depoimentos, pela primeira vez torturadores admitiram, formalmente, que torturavam, e como torturavam.

Vítimas revelaram, em detalhes, os tormentos padecidos e deram os nomes de seus algozes.

Pode-se argumentar que nada disso consiste, realmente, em grandes novidades, já que existe vasto material publicado a respeito, desde depoimentos pessoais de vítimas de torturas até o solidamente documentado *Brasil: Nunca Mais*.

A principal — e importante — novidade está no fato de que pela primeira vez essas informações têm caráter irrefutável de oficiais, já que surgiram de declarações prestadas diante de um grupo criado formalmente, por lei. E, também pela primeira vez, antigos algozes foram confrontados com suas vítimas, em vários depoimentos prestados à Comissão da Verdade.

Pouco se avançou no sentido de esclarecer casos de desaparecidos, de como foram suas mortes e da localização de seus restos. A reiterada insistência das fontes militares de que toda a documentação secreta existente foi destruída é a principal barreira para que se restabeleça a verdade.

Outros arquivos foram abertos, como os da Polícia Federal, o do antigo SNI, e de diferentes setores do Departamentos de Ordem Política e Social, o Dops. Mas, sem os das Forças Armadas, qualquer missão será sempre sacrificada.

Há um dado importante que aparece nos resultados obtidos pela Comissão, e que põe por terra um dos argumentos dos defensores dos crimes cometidos pela ditadura — estes, evidentemente, não são chamados por seu nome, mas pelo eufemismo de "excessos cometidos".

Está comprovado que a tortura não foi uma resposta à luta armada, mas um plano sistemático instaurado imediatamente após o golpe militar do dia 1º de abril de 1964. Ao contrário: constatou-se que era uma das ferramentas preferenciais nos interrogatórios realizados tão logo o governo constitucional de João Goulart foi derrubado e que boa parte das vítimas era justamente de militares que não aderiram ao golpe.

Durante anos, prevaleceu a falácia de que esses "excessos cometidos" ocorreram como forma extrema de enfrentar a luta armada que teria como objetivo derrubar o governo fardado e instalar uma ditadura comunista no Brasil. A teoria "dos dois demônios" justificaria, em última instância, a necessidade de recorrer a recursos extremos para combater o que seria, evidentemente, um mal maior, a transformação do país em uma nova Cuba. É claro que não houve nada disso: deflagrado o golpe e iniciada a ditadura, surgiram centros ilegais de cárcere e tortura, num procedimento sistemático. E mais: as primeiras (e mais numerosas) vítimas foram integrantes das próprias Forças Armadas, que se negaram a participar do movimento golpista ou eram suspeitos de prestar lealdade ao governo constitucional de João Goulart.

Após a decretação do Ato Institucional Número 5, o AI-5, a prática alastrou-se de forma ampla e veloz, tornando-se praticamente indispensável no tratamento dos opositores presos sem amparo algum da Justiça. Tornou-se uma política de Estado.

Igualmente são alvo de exame as ramificações da repressão brasileira no exterior, com depoimentos de exilados submetidos a interrogatórios, com todas as características de praxe, em países como a Bolívia, o Chile, a Argentina e o Uruguai, entre outros.

Também as ações da chamada Operação Condor, que reunia as forças de repressão de Argentina, Brasil, Chile, Paraguai e Uruguai em atuação conjunta nesses territórios, passaram pelo crivo da Comissão Nacional da Verdade. Ao mesmo tempo, e em rota paralela, surgiram informações concretas de como o regime militar brasileiro colaborou com os de outros países sul-americanos, especialmente o Chile de

Pinochet. Falta que salte à luz a colaboração de setores civis do nosso país com os dos vizinhos, principalmente no campo da economia e das finanças. Porque as ditaduras costumam gerar lucros formidáveis a quem sabe prestar seu apoio a tempo.

Desde que a Comissão Nacional iniciou seus trabalhos, por alguns estados brasileiros se espalharam Comissões locais. Em dez deles, no final de novembro de 2013, havia comissões oficiais, instaladas pelos governos estaduais. Em outros três, foram iniciativas das assembleias legislativas. Além delas, há grupos que se movimentam, e também organizações de classe, como a Ordem dos Advogados do Brasil e a Federação Nacional dos Jornalistas. Todas, ou quase todas, essas comissões pretendem dar aportes à Comissão Nacional da Verdade.

Tudo isso contribuiu, de alguma forma, para que ocorresse uma espécie de sutil, ainda frágil, despertar da atenção de alguns setores da sociedade para a importância de se saber o que aconteceu nas masmorras e nos cárceres que foram centros de horror durante o regime militar. Como se o tema relegado ao silêncio deixasse de ser tão silenciado.

É um caminho longo e árduo. A postura das Forças Armadas, passado meio século do golpe de 1º de abril de 1964, é boa mostra dessa resistência mineral. Em resposta oficial a um pedido formal da Comissão Nacional da Verdade, que pedia informações sobre sete locais onde, segundo marés de denúncias, haviam funcionado centros de tortura, as Forças Armadas concluíram que não "houve abuso ou irregularidades dentro de suas unidades" durante a ditadura.

São unidades militares do Rio de Janeiro, São Paulo, Belo Horizonte e Recife. A Comissão Nacional da Verdade reuniu dados indicando que nesses locais houve pelo menos nove assassinatos e dez casos de tortura. Pelo menos. A resposta oficial das Forças Armadas pode indicar duas coisas. Uma: trata-se de um escárnio, de uma claríssima mostra de que não existe vestígio algum de vontade de colaborar para que se saiba a verdade e se resgate a memória de um tempo de breu. Outra: que matar, torturar e vexar não significavam naquele tempo — e continuam não significando para as Forças Armadas de agora — abuso ou irregularidade, mas rotina aceitável.

Tudo isso é dito ao amparo da certeza da impunidade. Não apenas os que levaram a cabo o terrorismo de Estado, mas também as gerações de militares que vieram em seguida, estariam, dessa forma, impondo seu sacrossanto direito ao silêncio e à omissão.

Resta, enfim, o lastro principal que impede que o Brasil, ainda que de forma extremamente tardia, além do resgate da verdade e da recuperação da memória, também estabeleça a justiça: a Lei da Anistia.

Vários integrantes da Comissão Nacional da Verdade defendem que a lei seja revista. Em outubro de 2013, pouco depois de assumir o cargo, o procurador-geral da República, Rodrigo Janot, defendeu que fossem passíveis de punição, após serem devidamente levados a julgamento, os militares ou agentes civis que praticaram torturas, assassinatos e desaparecimento de militantes da oposição ao regime militar. Por serem crimes imprescritíveis, não estariam, disse Janot, ao amparo da Lei da Anistia de 1979.

Em dezembro de 2013, a sul-africana Navi Pillay, comissária da Organização das Nações Unidas, a ONU, para Direitos Humanos, e vinda de um país que enfrentou um dilema muito parecido com o do Brasil na hora de acertar contas com o passado, disse que a nossa Lei da Anistia é um obstáculo para que os crimes cometidos durante o regime militar possam ser julgados.

A mesma opinião é compartilhada por vários juristas. Entretanto, ao analisar, em 2010, um pedido de revisão da lei, o Supremo Tribunal Federal reafirmou, numa decisão considerada esdrúxula tanto por juristas como por familiares de vítimas da ditadura e ativistas dos direitos civis, sua plena validade. Naquela ocasião, a ONU também condenou a decisão adotada pelo STF.

Há quem veja possibilidades de revisão. Afinal, no mesmo ano em que os ministros da corte suprema validaram a lei imposta pela ditadura, a Corte Interamericana de Direitos Humanos, da Organização dos Estados Americanos, condenou o Brasil por praticar, no caso dos militares e agentes do Estado, a autoanistia para crimes de lesa-humanidade, que são imprescritíveis.

De acordo não apenas com a Corte, mas com importante jurisprudência internacional, os autores e responsáveis por crimes de tortura, sequestro, desaparecimento de pessoas, estupro, abusos e assassinatos, quando funcionários do Estado, não podem ser beneficiados por anistia alguma.

Já para os termos do Pacto de San José da Costa Rica, a anistia concedida pela lei de 1979 é ilegítima, por ser, na verdade, uma autoanistia.

O Brasil é signatário do Pacto e integra a Comissão Interamericana de Direitos Humanos, cujas decisões são obrigatórias para os países-membros.

Seja qual for o destino que a Lei da Anistia de 1979 for receber no futuro, uma coisa é certa: a Comissão Nacional da Verdade não teve poder de punir. Sua contribuição, certamente importante, se restringe a fazer todos os esforços possíveis para recuperar a verdade e resgatar a memória. Não para fazer justiça.

Este livro foi escrito com apoio da FLACSO — Faculdade Latino-Americana de Ciências Sociais, como parte do projeto Pensar o Brasil: ciclo de debates Direitos Humanos, Justiça e Memória. O conteúdo é de exclusiva responsabilidade do seu autor. O apoio recebido não significa concordância ou coincidência de opinião e de pontos de vista.

Este livro

Conta histórias passadas na Argentina, no Chile e no Uruguai. Não são histórias únicas, singulares. Ao contrário: fazem parte do vasto e perverso inventário das atrocidades padecidas pelos povos das nossas comarcas ao longo de décadas de infâmia.

Os personagens escolhidos — a uruguaia Macarena Gelman, a chilena Marcia Scantlebury, os argentinos Estela de Carlotto, Adolfo Pérez Esquivel e Juan Cabandié — são representativos de uma crença de ferro: a que diz que uma democracia só se consolida quando alcança o império da verdade, da memória e da justiça. Quando se reconhece que ocultar ou deformar o passado é uma forma segura de comprometer o presente e condenar o futuro.

O Brasil vive o lento, árduo e muitas vezes ressecado caminho de remover as mazelas do passado e encará-las de frente para, então, poder vislumbrar o futuro. Não há histórias de brasileiros neste livro. Há, isso sim, a palavra de um batalhador pela vida que aceita, como questão de honra, o resgate da memória. Seu nome é Leonardo Boff.

Brasil: a memória
é subversiva

O teólogo brasileiro Leonardo Boff é um ativista da vida. Um militante incansável na defesa da verdade, da justiça, dos direitos do homem e da natureza.

Leonardo Boff nasceu em 1938, no interior de Santa Catarina. Estudou filosofia e, depois, teologia. Em 1970 virou doutor nessas duas matérias, na Universidade de Munique, na Alemanha. Tem uma coleção de títulos universitários honorários de primeira linha e uma pirâmide de condecorações e reconhecimentos.

Tinha 21 anos quando se tornou frade franciscano. Deixou a batina em 1992, aos 54. Nesse meio-tempo deu aulas, publicou livros, soube ser um dos pilares fundadores da Teologia da Libertação.

Correu mundo, correu perigo, sem jamais perder duas características que, na aparência, seriam contraditórias: a doçura no trato com as pessoas e as coisas da vida, e a contundência — suave, é verdade, mas nem por isso menos contundente — com que defende sua fé e suas ideias.

Assim ele falou, num seminário promovido pela FLACSO, a Faculdade Latino-Americana de Ciências Sociais, no começo de 2012, ao tratar do tema da memória, da verdade, da justiça como partes essenciais e indissolúveis dos direitos humanos:

Acho importante o resgate da memória, porque a memória é subversiva. E uma das coisas que ocorreram em nosso país com mais peso foi o ato de apagar a memória dos vencidos — dos escravos, dos indígenas.

Quem nos recordou muito isso foi o grande historiador brasileiro José Honório Rodrigues. Ele foi um dos primeiros a contar a história do Brasil a partir das vítimas — dos negros, dos pobres. Em seu livro clássico, *Reforma e conciliação na história do Brasil*, ele faz a lista das violências, das repressões, das várias rebeliões nas quais as pessoas eram passadas a fio de espada. E ele diz uma coisa curiosa: as classes dominantes, primeiro para borrar a memória das suas iniquidades, caluniaram e distorceram os vencidos, o povo. Sempre que o povo tentou levantar a cabeça foi logo esmagado. Negaram seu direito de serem pessoas. Depois do processo de difamação, essas classes dominantes liquidaram suas vidas, suas memórias.

Há também Capistrano de Abreu, o primeiro historiador mulato brasileiro que quis fazer a história a partir das vítimas. Ele diz que na história do Brasil o povo foi "capado e recapado, sangrado e ressangrado" pelas elites brasileiras. Dizia que as elites brasileiras são cruéis e sem piedade.

Eu ouvi muitas vezes da boca de Darcy Ribeiro, de quem fui muito amigo, que as elites brasileiras são as mais reacionárias, as piores do mundo. Porque têm em sua cabeça a visão de que o povo não vale nada, que o salário do trabalhador é uma caridade, e não a compensação pelo seu trabalho, uma justiça que é cumprida.

As elites brasileiras, dizia Darcy, não têm vontade alguma de falar em direitos e se preocupam apenas em assegurar seus privilégios.

Ou seja: nós estamos assentados em cima de uma história de violência. A violência da colônia, a violência da escravidão, do genocídio; uma violência que perdura, na história brasileira, sobre seu povo. Estamos assentados em cima de um tipo de sociedade como essa, que assim foi formada.

Portanto, quando falamos em resgatar a memória, estamos falando de uma coisa perigosa para as elites dominantes. Mas nós não podemos deixar de contar essa história, de resgatar essa memória, especialmente essa história mais recente, a da violência da repressão militar que não nasceu de um golpe militar: nasceu de um golpe de classe. Porque é um erro mencionar o que aconteceu em 1964 como uma quartelada. Foi mais, muito mais.

Tudo isso foi muito bem analisado no livro *1964: A conquista do Estado — Ação política, poder e golpe de classe*, do sociólogo René Dreifuss.

O autor lembra que a classe dominante convocou os militares para darem o golpe, e com isso foi instaurada não a teoria da segurança nacional, mas da segurança do capital. Foi em nome dessa teoria que veio a repressão que todos nós, em maior ou menor medida, sofremos.

Lembro bem do dia em que cheguei ao Brasil, de volta após anos de estudos na Europa, em 1971. Já no porto — eu vim de navio, por causa dos muitos livros que trazia — sequestraram meu passaporte.

Foi num dia 17 de fevereiro. Fui interrogado longamente. Meus interrogadores sabiam do que eu havia dito, duas semanas antes, na Universidade de Munique, em defesa de uma revolução, quando se instalava, num país, a violência de longo alcance, a violência de Estado. Sabiam tudo, tinham espiões em toda parte. E foram claros em sua ameaça: me disseram que se eu continuasse pensando daquele jeito acabaria tendo o mesmo destino dos dominicanos. Que, como sabemos, foram presos e torturados, e alguns, mortos.

Eram tempos em que até a palavra "libertação" estava proibida.

Cada um de nós tem histórias e tem memórias. E essa memória é subversiva, porque aponta para os que perpetraram aquelas desumanidades. Ela aponta para o resgate da dignidade das vítimas.

Nós temos, nesse resgate da memória, que partir da dignidade das vítimas. Daqueles que desapareceram, que foram eliminados. Da dignidade das famílias que até hoje esperam pela identificação de seus entes queridos. Há muita gente que guarda um coração rompido e muito sofrimento.

Nós temos que tomar esse resgate da memória como uma atitude de civilização, como um processo civilizatório, que nos humanize. Que vire essa página para que aquele Brasil que houve nunca mais aconteça.

As histórias vividas devem nos levar a fazer uma profunda revisão do Brasil que queremos. De que tipo de justiça social precisamos resgatar daqui para a frente. Mas ela só terá sustentabilidade, só será uma justiça verdadeira, se fecharmos essa página de violência, que continua. É importante que nos concentremos nas vítimas do regime militar que tanto sofrimento trouxe e traz ainda.

Há mães que até hoje, a cada vez que soa o telefone, a cada vez que alguém toca a campainha da porta, pensam: "É ele, é meu filho."

São mães que esperam por filhos que estão desaparecidos, que estão mortos; mas elas não se convencem, não querem se convencer. Querem ver ao menos o que restou de seus filhos. E pelo menos esse direito essas mães têm. As famílias têm. O direito de não só ter a memória resgatada: de resgatar os restos dessas pessoas desaparecidas. Do que sobrou da sua dignidade.

Esse é um ponto de honra da nossa geração. Que alguma vez poderá dizer: nunca mais. Um ponto de honra: resgatar a memória. Para que ninguém esqueça, para que nunca mais aconteça.

Argentina: o presente é fruto do passado

A palavra *memória* acompanha Adolfo Pérez Esquivel em cada segundo da sua vida. E quando ele fala de memória, não só apenas tem muito a dizer como sabe perfeitamente de que se trata. Ele ainda não era o primeiro Prêmio Nobel da Paz latino-americano quando foi preso, interrogado e levado para um dos tenebrosos "voos da morte", parte do terror de Estado implantado pela ditadura argentina que sufocou o país entre 1976 e 1983, e cujas sequelas continuam, até hoje, presentes no cotidiano — na memória — de todos.

Dom Adolfo, como é chamado pelos argentinos, aparenta uma estranha mistura de calma, serenidade e energia. Fala da memória e fala de perdas. Diz que perdeu muito. Perdeu companheiros e companheiras, perdeu lutas que poderiam ter sido travadas de um jeito melhor, mas aí lembra que em toda luta há perdas e que é preciso superá-las, porque a vida continua. Diz que os problemas continuam vigentes e que temos a responsabilidade de continuar construindo.

Em seu país há um lema forte, estampado com força em muitas partes: "Não haverá esquecimento nem perdão." Ele diz que espera que não haja esquecimento. Quanto a haver perdão, é preciso antes superar muitas etapas, percorrer um longo caminho. Menciona especificamente o caso dos desaparecidos, aqueles que foram presos, conduzidos a centros clandestinos de tormento e nunca mais apareceram. Em seu país, são muitos milhares. Para Dom Adolfo, no caso dos desaparecidos não pode haver perdão. "A justiça não perdoa, a justiça sanciona os delitos cometidos contra um povo ou contra as pessoas." E arremata: "Nem o esquecimento nem o perdão têm nada a ver com essa situação trágica que a Argentina viveu."

Lembra que ele próprio é um sobrevivente daquela época, um sobrevivente dos voos da morte, da prisão. Diz que, pessoalmente, até poderia perdoar, mas que a sociedade deve buscar a verdade, a justiça e a reparação pelos danos sofridos e os crimes cometidos.

A memória. Para ele, memória não é para ficar no passado: é ela que ilumina o presente. E é através do presente que podemos construir e gerar vida, é como podemos caminhar. A memória é a história da vida e é a vida da história. É um impulso na construção da vida.

Ele escapou da morte, preservou a memória — preservou a vida.

Tudo volta. Aquele frio do dia 5 de maio de 1977, quando, de noite, o carcereiro me faz sair do calabouço, o "Tubo 14" da Superintendência de Segurança Federal, na rua Moreno número 1.500, a uma quadra do Departamento Central de Polícia, para onde eu havia sido levado no dia 4 de abril. Muitas imagens e recordações surgiram em minha mente e em meu coração. Tornei a recordar e a ver o corredor, as celas que mais pareciam jaulas e os calabouços, os companheiros e companheiras presos; vejo as mulheres que eram levadas para outras prisões e para destinos desconhecidos, ou a uma suposta liberdade, e eram largadas de noite na rua em pleno estado de sítio, e então eram presas outra vez, sem testemunhas, sem nada.

E recordo a grade da entrada metálica sanfonada, com a grande cruz suástica pintada na parede com aqueles rolinhos de tomar impressões digitais e escrito "naZionalismo", e os frascos de sal grosso que utilizavam para conter o sangue das hemorragias dos torturados.

E torno a ver o calabouço "Tubo 14" com inscrições, palavrões, orações e aquela frase na qual não consigo deixar de pensar, que um prisioneiro ou prisioneira escreveu na parede, com seu próprio sangue: "Deus não mata."

Naquele 5 de maio iam decidir o que fazer comigo. Viver ou morrer.

Abrem o tal tubo e me levam para uma sala, um escritório. Lembro de gente fardada esperando a entrega do prisioneiro, observo seus rostos inexpressivos, todos têm bigodes e cabelos curtos, parecem cansados da rotina de matar e atirar os prisioneiros dos aviões ao mar e de receber ordens, são autômatos. Ouço a ordem: "Ponham algemas no preso e o levem até o camburão, dois de vocês vão acompanhando."

Para mim, já não há dúvidas da ordem que receberam e do destino que me espera, não necessito de explicação alguma, conhecia os voos da morte e o destino dos prisioneiros. Lembrei um antigo provérbio: "A hora mais escura é quando começa o amanhecer."

Lembrava que em Genebra, na Suíça, na Associação Internacional de Juristas, tinha visto microfilmes de corpos que a correnteza do rio da Prata havia arrastado até a costa uruguaia, de mulheres e homens jovens de quem haviam roubado a vida; alguns dos corpos tinham partes comidas pelos peixes, todos amarrados com arames.

Fui levado para um avião pequeno. No voo, recordei as inscrições deixadas por outros presos, uma frase de San Juan de la Cruz, "no entardecer da vida te reclamarão no amor", e esse tremendo ato de fé de um prisioneiro ou prisioneira torturado que escreve com seu próprio sangue: "Deus não mata."

E então vi a morte de frente, e não tive medo. Tive respeito. Sabemos que em algum momento vai nos abraçar, não é horrível nem cadavérica, é como um cristal transparente que reflete em milhares de facetas a nossa vida, o rosto dela é o seu, o meu, o de todos.

Entendi que a Morte está apaixonada pela vida, que uma não pode viver sem a outra, são seres indivisíveis, momentos de viver e morrer na fronteira da existência e do tempo sem tempo, onde Ele respira sem suspiro algum.

E é nesse segundo da eternidade, desse limite, que o piloto recebe uma ordem que vem do chefe da operação: "Tenho ordens para levar o preso à Base Aérea de Morón." O avião muda de rumo, deixando para trás o rio da Prata e indo para o destino indicado, e aterrissa na Base. A espera é larga e tensa no tempo sem tempo que altera o ritmo do viver ou morrer, o limite é ínfimo. E chega enfim a ordem, levar o prisioneiro para a Unidade 9 de La Plata, cárcere de segurança máxima.

Tudo isso — e muito mais — está num longo, detalhado e dolorido texto que Pérez Esquivel escreveu a bordo de outro voo, décadas depois, entre Paris e Buenos Aires. Este texto, estas lembranças, termina assim, já pisando o solo portenho:

Saio do aeroporto e respiro profundamente o ar fresco, o sol nos anuncia um novo dia. Vou conversando com o motorista e pergunto: "E o que há de novo?" E ele responde: "Ontem teve uma tempestade com muitos destroços, telhados voaram e árvores caíram. Mas hoje as coisas estão tranquilas, o sol surgiu."

E eu fico é com isso.

É preciso seguir adiante, sempre com a esperança de um mundo melhor.

Não se esqueça de sorrir para a vida: apesar de tudo, o sol sempre surge.

Ele viveu essa experiência brutal e assustadora e assegura que o passado é presente, que as feridas doem e é preciso tratar de curá-las, e que a Verdade e a Justiça andam de braços dados, lentamente, mas caminham. Ressalta que os povos e milhares de vítimas devem exigir seus direitos. O mundo, o continente e o país mudaram, mas ficam as marcas e a memória do vivido, e a resistência e a luta que não terminaram.

Diz e repete, com a abnegada fé dos peregrinos:

Os povos sem memória desaparecem. Não há povo sem memória, porque a memória não nos leva a ficar apenas no passado: nos ajuda a iluminar o presente. A construir a vida. De uma forma ou de outra, quer a gente queira, quer não, o passado está sempre presente. E o presente propriamente dito é fruto de um determinado passado. Portanto, quando se fala em resgatar a memória, não se está apenas querendo remexer o passado, mas analisar, perguntar: por quê? Por que aconteceram essas coisas?

Lança a pergunta que ele mesmo responde: "Por que pensamos tanto na ditadura? Porque somos sobreviventes."

Diz que sempre recorda um antigo provérbio, que reza o seguinte: "Se você não sabe para onde vai, regresse ao passado para saber de onde vem." Para ele, é tudo muito claro: "É preciso saber direito de onde viemos, quem somos, qual é a nossa identidade e quais são os caminhos a percorrer. Se não, corremos o risco de nos perdermos."

Assegura que não é nada nostálgico, e muito menos passadista. Ao contrário: se aferra na luta pelo futuro. Mas diz ter certeza de que o passado nos dá consistência para saber de onde viemos e de quem somos, e que isso se refere tanto a uma pessoa como a um povo, um país. Os países que ocultam a memória, ou pretendem ignorá-la, perdem sua identidade e seus valores.

Quando fala em memória, fala em justiça. Diz que quando prevalece a impunidade é impossível construir uma democracia. E insiste que se trata de algo que deveria estar presente na consciência de todos os setores da sociedade, em todos os estratos de um país. É especialmente duro ao comentar o fato de o Supremo Tribunal Federal ter ratificado, em 2010, a validade da Lei da Anistia no Brasil, impedindo que se julguem os responsáveis por crimes de lesa-humanidade cometidos durante o terrorismo de Estado. Diz que o STF foi "cúmplice da impunidade, e a Justiça nunca pode ser cúmplice da impunidade".

Quando fala nas Forças Armadas na América do Sul, lembra que elas devem ter a coragem de analisar o seu papel nos acontecimentos de cada país durante as ditaduras, e ajudar a chegar à Verdade. Que não devem esquecer que são parte integrante do povo, e não entidades isoladas.

Afinal, as Forças Armadas devem ser a garantia de defesa da soberania nacional, e não há soberania sem povo.

O que houve em nosso continente foi uma deformação perversa: ao amparo da Escola das Américas, no Panamá, e em academias militares nos Estados Unidos, as Forças Armadas sul-americanas se transformaram em forças de ocupação contra seu próprio povo. O caso brasileiro é exemplar: a ditadura que governou o país entre 1964 e 1985 baseou-se na Doutrina de Segurança Nacional norte-americana, e essa concepção ideológica — e metodológica — foi estudada e aperfeiçoada na Escola Superior de Guerra, e serviu como formação e doutrinamento de outros países da região. O Plano Condor é seu reflexo mais cruel, ao impor o terror, os sequestros, as torturas, os assassinatos, no transporte clandestino de prisioneiros de um país a outro... Enfim: Argentina, Bolívia, Brasil, Chile, Paraguai, Uruguai foram alcançados por essa concepção ideológica, que respondia ao confronto Leste-Oeste, à chamada Guerra Fria, e que acabou imposta a todo o continente, e as Forças Armadas se transformaram em tropas de ocupação de seus próprios países.

Passada essa etapa, é especialmente importante, diz Pérez Esquivel, que as novas gerações das Forças Armadas assumam seu papel específico junto ao povo na defesa da soberania, do direito à democracia e à vida.

Ele está convencido de que não é possível construir um projeto de país livre e soberano se as Forças Armadas estiverem ausentes desse processo.

Sobre as Comissões da Verdade instaladas, com nomes diferentes, em vários países sul-americanos, ele recorda que até a sanção da Lei nº 12.528, que criou a Comissão da Verdade brasileira no final de 2011, o Brasil era o único país latino-americano que não tinha conformado uma comissão investigadora dos crimes de sua própria ditadura. Diz que a população do país deve ser solidária e apoiar a presidente Dilma Rousseff, "que está levando à consciência e à vida dos brasileiros a necessidade de reconstruir a memória e encontrar os caminhos de paz".

Menciona, especificamente, o fato de, em vésperas da instalação da Comissão da Verdade, militares da reserva terem lançado duras manifestações, opondo-se de maneira agressiva a qualquer tipo de investigação do período da ditadura. Diz que o que aconteceu nessa época no Brasil — as pressões de setores das Forças Armadas — afetava não somente os brasileiros, mas a todos os latino-americanos.

Naquela ocasião, Adolfo Pérez Esquivel disse que os manifestantes eram remanescentes de um passado recente e que os brasileiros deviam permanecer alertas sobre esses movimentos nostálgicos de um passado de poder.

Quando houve atos de insubordinação de oficiais da reserva, Pérez Esquivel anotou: "É preocupante e surpreendente que alguns militares da reserva do Brasil tentem boicotar a formação da Comissão da Verdade, que já é lei, confrontando e condicionando o governo da presidente Dilma Rousseff para garantir o silêncio e a impunidade dos crimes de lesa-humanidade cometidos contra o povo brasileiro."

Trabalhei em diversas comissões para a memória, e para mim a memória não existe para que fiquemos no passado, mas sim para iluminar o presente. Porque é através do presente que é necessário construir a vida e gerar as condições necessárias para que o que aconteceu de bárbaro durante as ditaduras nunca aconteça outra vez. Para mim isso não é passado, é um presente contínuo. Da mesma forma, o desaparecimento de pessoas não é passado, é um presente contínuo.

Ao falar da Argentina, ele recorda que não foi uma caminhada fácil e muito menos veloz. Em dezembro de 1983, logo depois de ter sido eleito o primeiro presidente da volta da democracia, Raúl Alfonsín chamou Adolfo Pérez Esquivel para presidir a novíssima Comissão Nacional sobre o Desaparecimento de Pessoas, a Conadep. A função da Conadep seria investigar os crimes e violações de direitos humanos cometidos durante a ditadura instaurada em 1976 e que terminava com a chegada de um civil ao poder pelo voto popular. Alfonsín ouviu um "não" como resposta. Motivo: a comissão carecia de autonomia e poder. Não poderia, por exemplo, requisitar documentos e convocar testemunhas. Além disso, os resultados teriam de ser enviados à Justiça Militar, e não à Justiça Civil. Os militares seriam juízes e parte no mesmo processo, o que para Pérez Esquivel era um contrassenso.

O trabalho da Conadep foi, é verdade, limitado. Basicamente verificou as informações que os organismos de direitos humanos já tinham levantado. Mas reunidas num livro de impacto — o *Nunca más* —, essas informações foram o ponto de partida. Houve julgamentos, condenações, mas diante das pressões dos setores mais resistentes da sociedade e, claro, dos militares, o que se viu foi uma série de medidas que significaram, de fato, a manutenção da impunidade. Primeiro, o próprio Alfonsín recuou. E depois seu sucessor, Carlos Menem, anistiou a todos.

Tudo isso mudou com a chegada de Néstor Kirchner à presidência, em 2003. As organizações de defesa dos direitos humanos, com destaque para a atuação de Adolfo Pérez Esquivel, pediram ao novo presidente a anulação de duas leis que asseguravam a impunidade, a chamada Lei do Ponto Final e a Lei de Obediência Devida.

Na verdade, Néstor Kirchner, um presidente que chegou debilitado à Casa Rosada, já vinha com essa intenção. Havia convocado para ocupar a Secretaria de Direitos Humanos um veterano e intransigente defensor dos direitos humanos, um dedicado advogado que defendeu presos políticos e se empenhou em denunciar os horrores da ditadura, Eduardo Luis Duhalde. E o jogo definitivamente virou: as leis foram anuladas, e centenas de militares, civis e agentes das forças de segurança estão sendo julgados, condenados e presos.

Ao reconhecer que a Argentina tem avançado exemplarmente no direito da verdade e justiça, Pérez Esquivel ressalta que tudo isso foi possível graças à incansável luta das organizações de direitos humanos, ao apoio da sociedade e também à vontade política do ex-presidente Néstor Kirchner e da presidente Cristina para superar a impunidade jurídica.

Muitas vezes me perguntam por que a mobilização na Argentina é tão forte. Mas é bom lembrar que levamos décadas até superarmos as leis de anistia, de impunidade. Fomos descobrindo novas formas de resistência. Este é o caminho correto para que nunca mais voltemos a viver o horror, a morte e o desaparecimento de pessoas, de crianças, vítimas do horror de políticas nefastas impostas através da Doutrina de Segurança Nacional para submeter os povos.

* * *

Para ele, "As ditaduras acabaram na América do Sul, mas nem todos os países tiveram a mesma evolução. Depois das ditaduras impostas pela política dos Estados Unidos produziram-se alguns fatos muito importantes, que fizeram a América Latina voltar às democracias — condicionadas ou restringidas."

E vai adiante:

Para mim, a democracia passa pelo direito de igualdade para todos. Com todas as dificuldades e os erros, os países na América Latina avançaram e deram passos qualitativos na construção de democracias participativas, e não estas democracias delegativas, em que depois de eleitos os governos fazem o que querem. É outra forma de entender a democracia. São espaços a construir.

Os países latino-americanos devem lutar para obter, num esforço conjunto entre governos e sociedade civil, um novo contrato social. E, para isso, é preciso assegurar a memória histórica. E isso até hoje não foi alcançado porque os povos não se mobilizam. Os povos precisam deixar de ser espectadores e passar a ser protagonistas. Na Argentina, graças à resistência e à mobilização popular, hoje temos genocidas atrás das grades, e outros sentados nos bancos dos tribunais, à espera de julgamento.

Pérez Esquivel chama a atenção para um prolongamento dessa luta:

Outra coisa que conseguimos desenvolver muito fortemente foram as redes de solidariedade internacional. As pessoas têm que ir reclamando para que lhes abram os arquivos. Acho que são etapas, nem todos os povos caminham igual, uns vão mais rápido. Mas, no final, é preciso ter essa memória histórica para modificar as situações, porque uma das coisas que temos muito claras é que sobre a impunidade é impossível fazer uma democracia. O governo nunca vai mudar de cima para baixo. A resistência tem que vir das bases para que os governos se motivem e provoquem as mudanças.

Para Adolfo Pérez Esquivel, o Brasil precisa acabar com a impunidade para evitar que violações voltem a acontecer no futuro. Ele diz, com calma e contundência, que

não se pode permitir a impunidade jurídica, porque sobre a impunidade não se constrói uma democracia. É preciso continuar trabalhando e insistindo, para que os que cometeram delitos sejam julgados. É um direito do povo. A reconciliação é uma coisa vaga. Não pode haver reconciliação se esta não for baseada na verdade, na justiça, na reparação às vítimas, e se não houver arrependimento dos que cometeram os delitos.

Com relação aos trabalhos da Comissão da Verdade, que começou em 2012 no Brasil, ele sugere que se estabeleçam intercâmbios com as de outros países, para trocar experiências e informações. Reconhece que muitos arquivos da ditadura brasileira foram destruídos, mas ao mesmo tempo adverte que "Os militares nunca destroem tudo. Escondem, como os nazistas. Eles nunca vão destruir uma ordem. Obedecem a um esquema de racionalidade, que faz com que, por alguma razão, conservem documentos..."

Chile: um museu contra o esquecimento

Marcia Scantlebury desceu aos infernos e conseguiu voltar ao mundo dos vivos. Lembra cada minuto de agonia e de miséria: abomina o esquecimento, se nega a esquecer.

Para ela, a memória é matéria de vida, e a vida é matéria de memória. Sabe que mudar o passado é impossível, da mesma forma que tentar ocultá-lo ou negá-lo é inútil. Também por isso foi encarregada, pela então presidente socialista Michelle Bachelet, que conheceu os rigores da prisão durante a ditadura encabeçada pelo general Augusto Pinochet, de criar o projeto e depois implantar o Museu da Memória e dos Direitos Humanos, em Santiago do Chile.

Foram dois longos anos de trabalho num país até hoje coalhado de nostálgicos da ditadura, de órfãos e viúvas e viúvos de Augusto Pinochet. E nenhum deles parece disposto a assumir sua responsabilidade histórica.

Marcia Scantlebury assegura que cada hora de cada dia de cada mês desses dois anos valeu a pena.

O edifício de vidro está lá, plantado diante do parque Quinta Normal. Quase a metade dos que fazem as visitas guiadas é formada por jovens estudantes que não viveram, nem de longe, as agruras do regime militar que sufocou o Chile de 1973 a 1990.

Tudo no Museu da Memória resgata, revela e refaz o que os responsáveis e os cúmplices do terrorismo de Estado ao longo desses dezessete anos tentaram ocultar.

Há registros indicando que pelo menos 3.200 chilenos desapareceram durante a ditadura (entre eles 39 menores de idade), e que os presos políticos foram pelo menos 28.459 (1.244 deles eram menores).

No Museu da Memória conta-se essa história. As faces da brutalidade foram recuperadas. Há imagens de corpos dos mortos pelos militares e atirados no rio Mapocho, que atravessa a capital.

Há depoimentos gravados, há objetos pessoais, cartas, fotografias, artigos de jornal. Manchetes de louvação à matança denunciam a cumplicidade (muito mais que a censura) dos grandes meios de comunicação.

Enfim, o passado negado está lá, representado nitidamente num acervo de horrores, para que se saiba, se ouça, se veja. Para que tudo seja recordado e mostrado, justamente para que não se repita.

O que o Museu da Memória abriga está respaldado pelo trabalho das diferentes Comissões da Verdade instaladas no Chile (a Comissão Nacional da Verdade e da Reconciliação, de 1991; a de Reparação e Reconciliação, de 1996; e a Comissão Nacional sobre Prisão Política e Tortura, de 2004).

Os depoimentos gravados são tremendos. Mostram o ponto mais baixo e vil a que pode chegar um ser humano. Mostram a brutalidade da humilhação que um ser humano é capaz de impor a outro.

Mas, principalmente, mostram que o ser humano é capaz de superar tudo, de recuperar a própria vida.

Marcia Scantlebury sabe de tudo isso. Padeceu tudo isso. Com o nome de Natacha militou contra a ditadura. Com o número 400 padeceu o horror das masmorras. Com seu próprio nome montou o museu de uma memória que insiste em preservar.

Nega qualquer revanchismo, qualquer afã de vingança. Diz, com humor, que não está nem mesmo preparada para se vingar. Mas esclarece que tampouco está preparada para perdoar.

O Museu da Memória e dos Direitos Humanos do Chile se restringe a um período específico da vida do país: a ditadura de Pinochet. Marcia Scantlebury explica a razão: "Nesse período houve uma violação sistemática dos direitos humanos pelo Estado chileno." E destaca que, ao decidir pela sua criação, a presidente Michelle Bachelet deu uma clara mostra de coragem, negando-se a dar as costas para o passado.

O museu acabou se tornando um desmentido a todos aqueles que dizem que mexer no passado é inútil, que os chilenos não querem recordar, querem olhar para a frente.

Na verdade, diz ela, quem não quer recordar são os responsáveis por aqueles tempos de infâmia, os que compactuaram, por ação ou por omissão, com esses anos de sombra.

Marcia Scantlebury sabia que a possibilidade de ser presa era muito alta. Sabia o que esperaria por ela se isso acontecesse. Mas o que aconteceu superou até mesmo seus pesadelos mais atrozes.

Uma de suas lembranças mais fundas guarda a dimensão do que aconteceu.

Conta Marcia que, ao ser presa, foi revistada e despida por uma mulher, uma carcereira. E que foi bem-tratada, e sentiu-se um pouco reconfortada naquele cenário de horror. E que depois, nas sessões de tortura, era precisamente essa mulher a que com mais sanha se lançava contra ela.

Certo dia, essa mulher tirou-a da cela e pediu que a ajudasse a tricotar uma peça. Marcia então pôde tirar a venda dos olhos, e percebeu que a mulher estava grávida. E ajudou-a a tricotar uma peça para o filho que seu algoz esperava.

As duas nunca mais se encontraram. Marcia até hoje não sabe se teceu uma roupinha para um menino ou uma menina.

Ela esteve presa no mesmo campo de tormentos que Michelle Bachelet, a Villa Grimaldi. Bachelet soube que estava lá porque uma de suas companheiras de cárcere era a dona da fábrica de lajotas e ladrilhos que cobriam o chão do pátio. Aquele chão, que era a única coisa que os presos e presas conseguiam ver quando passavam com os olhos vendados a caminho do desconhecido — a vida, a tortura ou a morte. Por ali passaram uns 4.500 presos políticos entre 1973 e 1977. Cerca de 230 deles integram as listas dos desaparecidos para sempre. Marcia Scantlebury foi uma das sobreviventes, e, porque sobreviveu, lembra:

> *Jamais esquecerei daquele tempestuoso entardecer do dia 3 de junho de 1975. Nem do gemido da enorme porta de ferro deslizando pelo chão daquela terra maldita. Um par de horas antes eu estava ajudando meus filhos a fazer suas tarefas escolares, quando uma patrulha da polícia política irrompeu violentamente em minha casa e me forçou a entrar num veículo.*
>
> *Um de meus captores cobriu meus olhos com esparadrapo e um par de óculos escuros. Então a caminhonete de vidros espelhados desandou numa enlouquecida corrida que concluiu diante de um recinto que, deduzi, pelo declive do terreno e pelo frio que doía nos ossos, estava aos pés da cordilheira.*
>
> *As mãos ásperas do condutor me empurraram com violência para fora. Depois,*

atravessei tateando o umbral de um portão e fiquei parada, tiritando de medo diante de uma paisagem invisível, tratando de decifrar os misteriosos sons que o silêncio contém.

O vento gelado penetrava sem piedade o couro das minhas botas, e comecei a escutar, como num concerto macabro, uns gemidos intermitentes, prantos sufocados e um aterrorizante e prolongado grito.

"Deve ser algum bicho", quis pensar. Olhei para o chão por uma brecha da venda que cobria meus olhos e avistei ladrilhos como os italianos. E nesse instante entendi que havia chegado à antessala do inferno. Eu estava em Villa Grimaldi, o centro secreto de torturas mais famoso do Chile.

Uma carcereira de aspecto descuidado me pegou pela mão e me guiou com inusitada delicadeza até um recinto ao lado. Mas, chegando lá, sem mais preâmbulos, começou a me despir com rapidez, enquanto outra mulher, com voz de entediada rotina, começava o inventário de meus pertences: "Três notas de dinheiro, uma corrente com uma cruz de prata, um lenço de cabelo, meio maço de cigarros, um isqueiro, uma agenda de telefones..."

Quando saí de Villa Grimaldi, depois de 23 dias infinitos, eu era outra pessoa. Após os sádicos interrogatórios e longas sessões de tortura, que incluíam a aplicação de eletricidade em todo o corpo, eu me sentia suja, vazia, humilhada.

Até aquele instante o ódio havia sido, para mim, apenas um conceito intelectual. E no entanto, agora eles tinham me feito conhecer a perversa amplidão desse sentimento viscoso que ficou encolhido debaixo da minha pele.

Nos sórdidos corredores de Villa Grimaldi aprendi a distinguir as sombras das vítimas, as vozes dos guardas, o estranho latir dos cães e as freadas dos veículos que descarregavam no pátio sua sinistra carga de seres humanos maltratados.

Depois fui levada para Cuatro Álamos, outro recinto secreto para presos isolados, que estava sob a responsabilidade de um tenente psicopata que abusava sexualmente das presas e nos submetia a absurdas sessões de hipnose e a detectores de mentira.

Éramos três ou quatro em cada cela, e jamais nos deixaram tomar um banho de chuveiro. Eles nos levavam ao banheiro uma vez por dia, deixando a porta aberta e tirando nossas vendas dos olhos para nos humilhar diante do olhar mórbido dos guardas.

Antes que nos trancassem para dormir, costumávamos cantar, grudadas na porta que dava para o corredor, e esparramávamos nomes, histórias, sonhos e desejos.

Embora o aqui e o agora fossem incertos, nós nos empenhávamos em inventar um futuro e, com obstinado otimismo, nos preparávamos para ser livres.

A questão era não nos desmoralizarmos, não nos darmos por vencidas. Mas às vezes a desesperança destroçava nossas almas, e escorríamos, desenfreadas, para um desânimo obscuro. E nos atormentava a lembrança dos que nunca chegaram à outra margem. E memorizávamos os nomes, as datas e preces dos que, nas paredes do recinto de presos isolados de Cuatro Álamos, haviam deixado seus desolados depoimentos.

Os dos homens eram mais informativos e precisos: "Sou de Temuco. Permaneci nesta cela entre 13 de abril e 2 de junho de 1974." Depois, davam os nomes, as idades, as profissões. Os depoimentos das mulheres, por sua vez, deixavam lacônico registro de suas

existências, ou de suas tristezas: "Vivi de-
zesseis dias de horror, avisem a minha mãe.
Cecília." "Aqui estou, meu Deus. Você existe?
Blanca."

Sabíamos que Cuatro Álamos era apenas
uma parte perversa do caminho. Ninguém
ficava muito tempo ali. Será que o preso de
abril tinha voltado para Temuco? Onde teria
acabado o pesadelo de Cecília? Será que Deus
teria se lembrado de Blanca?

Nos dias mais negros, quando de cela em
cela se espalhavam rumores sangrentos, era
difícil deter as atropeladas batidas do coração.
E então eu ia até a pequena janela do meu
quarto e permanecia longos minutos em si-
lêncio, perseguindo a rota do arame farpado
sobre a muralha e imaginando as cores das
paisagens livres.

Este é o depoimento de uma presa política
sobrevivente num país sitiado pelo terror e
enfermo de medo. Este é o meu depoimento.
Apenas um entre os de milhares de homens e
mulheres militantes da resistência e vítimas
da repressão no tempo triste da tirania.

Passaram-se 36 anos desde aqueles dias de
chumbo, e no Chile muita água passou por

baixo da ponte. No entanto, ainda somos muitos os que lutamos para preservar a memória e não nos render diante da indiferença e do esquecimento.

No dia 10 de dezembro de 2008, ao pôr a primeira pedra do Museu da Memória e dos Direitos Humanos, que terminou de ser construído em dezembro de 2009 e foi inaugurado no dia 11 de janeiro de 2010, a presidente Michelle Bachelet afirmou: "Não podemos mudar o nosso passado. Só nos resta aprender do vivido. Essa é nossa oportunidade e nosso desafio."

Hoje, pelos corredores deste edifício transparente que fica diante da Quinta Normal, um belo parque de Santiago, circulam diariamente centenas de visitantes. Anciãos, mulheres, estudantes e crianças param na frente das fotografias, leem os recortes de imprensa, observam o artesanato feito na prisão e se emocionam diante dos depoimentos das vítimas.

Vários fazem fila para entrar nas cabines audiovisuais localizadas no final da mostra e deixam gravados seus comentários ou registram episódios de suas vidas, que depois são recolhidos nos arquivos que construirão a memória coletiva do Chile.

Num país ainda dividido, sabíamos que erguer o Museu não seria fácil, mas Michelle Bachelet estava convencida da importância desse projeto, e levou-o adiante contra o vento e a maré. Ela sentia que era fundamental para tornar transparente as situações dolorosas vividas no passado recente, debater o que havia acontecido e criar as condições para que esse pesadelo não se repita nunca mais.

Depois de visitar, em outros países, museus desse tipo, a então presidente tinha claro que o passado vinculado a guerras ou a ditaduras costuma detonar polêmicas entre as diferentes maneiras de ver a história. E que essas polêmicas acontecem não apenas entre ganhadores e perdedores do confronto, ou entre verdugos e vítimas, como também no interior de cada um dos setores em conflito. Então, inevitavelmente a memória se constitui território de disputa cultural e política.

À diferença dos que ainda defendem a conveniência de virar a página em benefício de uma hipotética reconciliação nacional, Michelle Bachelet considerou que a impossibilidade de manter um olhar único não podia servir de pretexto para dar as costas ao que havia acontecido. Pensava que o verdadeiro desafio era enfrentar um passado que fala da violação sistemática dos direitos humanos por parte do Estado chileno entre o dia 11 de setembro de 1973 e o dia 11 de março de 1990. E também buscar lições e construir o futuro. Para ela, a tragédia vivida pela nossa pátria "pode ter muitas explicações, mas nenhuma justificativa".

Por isso, um dos eixos de sua política de governo foi o resgate da memória e o reconhecimento da dignidade das vítimas. Vítimas que tiveram negada, pelos agentes do Estado, sua condição de seres humanos e sua identidade, através da tortura, das execuções sumárias e dos desaparecimentos.

Com o objetivo de reverter essa situação, a presidente achava necessário e urgente captar e dar a conhecer depoimentos de quem foi testemunha e/ou protagonista do que aconteceu, já que, num futuro não tão distante, nem todos estariam lúcidos ou vivos.

Em junho de 2007 o Ministério de Obras Públicas convocou um Concurso Internacional, para a construção desse edifício que teria uma superfície de aproximadamente 5.600 metros quadrados com uma praça, ao lado, de 8 mil metros quadrados. No dia 31 de agosto foi declarada vencedora uma empresa de arquitetura de São Paulo, o Estúdio América, presidido por Mário Figueroa. Sua proposta foi a de um edifício singular pelo conteúdo e por sua concepção arquitetônica.

Ao apresentar sua proposta, os que foram depois vencedores assinalaram: "Entendemos como memória não um desejo de voltar atrás, de substituir o insubstituível. Para nós, a memória não é arrependimento. É olhar o futuro sabendo do passado."

"A vida não é o que a gente viveu, mas o que a gente recorda, e como recorda para contar", disse o escritor Gabriel García Márquez. E não há dúvida de que os povos constroem sua memória a partir do reconhecimento do vivido, a partir do que contam de si mesmos.

A criação do Museu da Memória e dos Direitos Humanos mexeu com a nossa sociedade, ainda marcada pelo discurso único herdado do regime militar e pela negação da evidência. Seu conteúdo deixou a descoberto o que durante muitos anos havia permanecido oculto e convidou a cidadania a uma profunda reflexão sobre as consequências da intolerância.

Porque a negativa ou o apagar acompanharam a ditadura chilena desde que seus aviões bombardearam o palácio presidencial. Ao reconstruí-lo, seus novos ocupantes eliminaram sua entrada lateral: se não havia porta, apagava-se a lembrança dos que tinham saído presos ou mortos por aquele lugar, entre eles o presidente Salvador Allende. Ou como quando mudaram o endereço de um centro de torturas localizado na rua Londres, 38: transformaram o número em 40, achando que assim desaparecia o lugar de tormentos e de morte. E, mais cruel ainda, no caso dos desaparecidos: se o corpo era ocultado, não sobrariam rastros do crime.

Durante o regime do general Augusto Pinochet, milhares de chilenos e chilenas fo ram perseguidos, privados de sua liberdade, exilados, expulsos, executados, torturados ou dados como desaparecidos. Depois, ao longo do processo de transição, os governos democráticos materializaram suas políticas de direitos humanos nas Comissões da Verdade, que, entre os anos 1990 e 2005, identificaram 3.185 desaparecidos, executados ou assassina-

dos de maneira sumária. Individualizaram 28.459 torturados e detectaram 1.132 locais de detenção e tortura, o último deles há pouco tempo, em 2008.

No primeiro governo que sucedeu à ditadura, o presidente Patricio Aylwin convocou uma Comissão da Verdade e da Reconciliação, cujos resultados foram recolhidos no Relatório Rettig (1991). Eduardo Frei Ruiz-Tagle convocou, durante seu mandato, uma Mesa de Diálogo, que pela primeira vez reuniu representantes das Forças Armadas e familiares das vítimas das violações de direitos humanos. Em 2004, no governo de Ricardo Lagos, foi apresentado ao país o trabalho realizado pela Comissão de Prisão e Tortura, conhecido como Relatório Valech. No ano seguinte, junto à criação de um Instituto dos Direitos Humanos, que veio à luz em meados de 2010, os grupos de familiares das vítimas solicitaram ao presidente do Chile a criação de um Museu de Memória.

A presidente socialista Michelle Bachelet, uma ex-prisioneira política, decidiu materializar esse projeto. Estava convencida de que fazia falta no país um espaço que acolhesse e preservasse os relatórios emitidos pelas

Comissões da Verdade e toda a documentação, depoimentos orais e escritos, documentos jurídicos, cartas, poemas, livros, fotografias, artesanato feito na prisão, filmes, bonecas de trapo, joias de couro e de osso, desenhos, música, jornais, programas de rádio, de televisão. Sua ideia era reunir esse material disperso para deixá-lo à disposição da sociedade.

A presidente havia se reunido muitas vezes com os dirigentes das organizações de direitos humanos e com outras instituições, como as agrupadas na "Casa da Memória", que pediam um lugar para depositar, preservar, digitalizar, restaurar e exibir ao menos uma parte de suas valiosas coleções, declaradas "Memória do Mundo" pela Unesco. Hoje, estão lá, disponíveis para serem vistas, estudadas e consultadas pelas gerações atuais e futuras.

Bachelet achava indispensável criar espaços destinados ao aprendizado dos direitos humanos, fundamentalmente no caso dos jovens, para dar a conhecer a eles o que aconteceu no passado recente.

Não cabe nenhuma dúvida, então, de que a construção do Museu, cuja mostra está franqueada por imensas fotografias de mudas e desoladas paisagens do mar, da montanha e do deserto do Chile, foi um gesto que coroou a obstinada resistência de um povo diante do esquecimento.

Passado pouco tempo da instalação da ditadura, familiares de desaparecidos, organismos de direitos humanos e sobreviventes dos centros de detenção abriram um caminho de busca e denúncia, construindo memoriais ao longo da nossa estreita geografia. Atualmente, são mais de vinte, e vários mais estão em processo de construção.

São espaços de encontro, que nos falam de um pacto para não esquecer. E hoje, no Chile, graças à perseverança de quem não se rendeu na busca da verdade, da justiça e da memória, a maioria dos chilenos reconhece que no país foram violados os direitos humanos e rejeita o que aconteceu.

Isso não significa que o fantasma dos anos 70 e 80 tenha deixado de penar no debate sociopolítico e que as interpretações desse tempo sombrio não gerem controvérsias. Controvérsias, aliás, que também alcançam os lugares de memória. No caso dos que se situam nos espaços físicos onde se deram os acontecimentos e as práticas, como a casa da rua Londres, 38, ou a Villa Grimaldi, a materialidade fala por si mesma, e é possível marcar rastros, ruínas ou vestígios do que aconteceu. Pode-se também recorrer à representação do que já não existe, quando foram apagadas as marcas ou mudada a sua função. Esses espaços denunciam e evidenciam o que aconteceu. Por isso, seu potencial de transmissão é enorme, e ao percorrê-lo o visitante se comove diante da presença imanente do passado.

Já a construção de museus, como o da Memória, enfrenta outros desafios. Como narrar e representar o que aconteceu? Como mostrar o que já não está? Com que recursos ampliar um debate circunscrito a grupos específicos da sociedade?

O propósito da nossa equipe, que atuou ao amparo da Comissão Presidencial de Direitos Humanos, era organizar um espaço que oferecesse, a partir de uma linguagem simbólica e poderosa, múltiplas perguntas e interpretações dos fatos relembrados. E sua criação era um mandato que nos remetia aos ausentes. Conforme havia registrado Primo Levi: "Que um resto das palavras dos que já não podem mais falar encontre um espaço, um lugar de audição, uma representação no próprio presente."

Ao desatar as vozes silenciadas e deixar à vista o que aconteceu, o desafio que enfrentamos era evitar o relato único e hegemônico e estimular o que Pilar Calveiro chama de "um exercício a muitas vozes". Um exercício que não ignorasse contradições, diferenças e tensões: "mosaico único, no qual cada um é só um pedacinho."

No caso deste Museu da Memória optamos por entregar aos visitantes elementos que lhes permitam chegar às suas próprias conclusões, e oferecê-las à construção da memória coletiva.

Para definir o conteúdo e a identidade do Museu, estimular vontades e propiciar múltiplas interlocuções, durante a construção da mostra aplicamos critérios de museologia participativa, promovendo reuniões com a comunidade, com as organizações civis de direitos humanos, com artistas, educadores, historiadores, psicólogos e museólogos do país inteiro.

E mais adiante, durante a instalação, utilizamos o conceito de memória em construção.

*No muro onde estão expostas fotos das víti-
mas, deixamos muitas molduras vazias, para
estimular os visitantes a procurar as imagens
dos que ainda não estão nesse espaço. Também as cabines audiovisuais esperam seus
depoimentos e histórias. Assim, convocamos
a sociedade a se envolver na restituição e na
reconstrução memorial.*

*Tratava-se de transformar a história em
memória, em função de um projeto que oferecesse ao país um sentido de identidade e
destino. Destino que chama cada chileno a se
reconhecer como parte envolvida na tragédia
que ocorreu. E essa ideia se expressa no memorial do artista chileno Alfredo Jaar, que, ilu-
minado pelo conceito de que "todos perdemos
alguma coisa", inclui quinhentas imagens de
desaparecidos e de pessoas que aparentemente
não foram afetadas pelo que aconteceu.*

*Sua obra — Geometria da consciência —
estabelece um diálogo com o edifício, e enquanto o edifício se eleva, a cripta de Jaar submerge,
para, do seu interior, envolver os espectadores
em uma experiência multissensorial. O artista
convida o visitante a ingressar num espaço
fechado e a sentir o ofuscamento e a escuridão,
evocando assim presenças e ausências.*

*Outro artista que ocupa um espaço im-
portante do museu é Jorge Tacla, cuja obra,*
Ao mesmo tempo, no mesmo lugar, *recom-
põe num dos acessos ao edifício um poema
escrito por Victor Jara no Estádio Chile, onde
esteve preso antes de ser assassinado em setembro de 1973. Esse poema foi passado, aos
pedaços, a seus companheiros de prisão, para
que eles o tirassem daquele lugar. Mais tarde
os fragmentos foram entregues à sua viúva,
Joan Jara.*

*Outro desafio fundamental para desenvol-
ver o projeto museológico foi determinar a
forma de apresentar o terrorismo de Estado
sem que a recreação mórbida do horror aca-
basse sendo contraproducente e gerasse uma
distância entre o relato e o público. Teóricos
da memória questionam a potencialidade
paralisante do que qualificam como "pedago-
gia da consternação", que predominou até os
anos 90. Por isso optamos por representações
que combinam informação com elementos de
forte simbolismo.*

*Ainda assim, na mostra, apresentamos um
catre de tortura. E, junto com o catre, é exibi-
do o aparelho destinado a aplicar nos presos
violentas cargas de eletricidade. No mesmo*

espaço são descritos métodos de tortura, um mapa dos recintos de detenção, e, numa tela lateral, há um rodízio de depoimentos de vítimas desse tipo de prática atroz.

O espanto se expressa, além do mais, através de experiências autobiográficas, objetos, relatos, cartas, filmagens, desenhos infantis, artesanato feito no cárcere, recortes de jornais, documentos jurídicos, poemas, maquetes. Ao mesmo tempo, muitos objetos contam do heroísmo e do espírito de luta dos prisioneiros, e outros, de sua vida cotidiana, das formas de resistir, das esperanças, dos medos e dos gestos solidários.

Sabendo que a recordação se estrutura ao ser formulada e que não existe uma única linguagem para a memória, nós nos enfrentamos à disjuntiva de qual delas utilizar: a simbólica? A oral? A literária? A audiovisual? A emocional? A narrativa?

Decidimos, enfim, empregar expressões mistas, que incluíssem relatos e representações. Muitas delas são do tipo audiovisual, que se destinam aos jovens. Porque não podíamos ignorar que mais da metade da população do nosso país não havia nascido quando sucederam os fatos apresentados na mostra permanente do museu. E a ideia era que esse espaço, com suas mostras de cinema, peças de teatro ou leitura de poemas, os convocasse, atuando como uma ponte entre passado e presente.

Hoje, o Museu da Memória e dos Direitos Humanos oferece a oportunidade de expressar o que foi silenciado e invisibilizado durante muito tempo. Em seu auditório e suas salas de aula é possível discutir sobre os direitos que continuam sendo espezinhados na nossa sociedade e no mundo. Abordar a situação de nossos povos originários, as condições de vida dos imigrantes peruanos, a violência nos colégios ou a violência doméstica.

É muito provável que se saia desse lugar com mais perguntas que respostas. Porque, se para olhar o drama que o Chile viveu em seu passado recente é preciso coragem, também é preciso ter coragem para construir um futuro em que se valorize a democracia e se respeite a diferença. Um futuro em que se reconheça a dignidade de cada pessoa que habita esta terra.

Uruguai: a outra margem do horror

Aos 23 anos, ela ficou sabendo quem era. Que tinha outra história, que outra era a sua identidade. E soube também, naquele 31 de março do ano 2000, uma sexta-feira, que o senhor grisalho de olhos suaves, bigodes nevados e voz grave que contava sua verdadeira história era seu avô paterno.

Por ele ficou sabendo que havia vivido, com um nome que não era o dela, uma história que tampouco era dela, em um país que não deveria ter sido o dela. Soube, enfim, que aquele senhor era um poeta consagrado que se chamava Juan Gelman e encerrava, ali, naquele encontro, uma busca desesperada que havia durado exatamente 24 anos, sete meses e sete dias.

A partir daquele encontro, sua vida passou por um turbilhão que até hoje não terminou. Poucos meses mais tarde, submeteu-se a uma prova de DNA, mais para formalizar o já sabido que para qualquer outra coisa.

Iniciou um longo processo burocrático para deixar de se chamar Macarena Touriño, estudante de bioquímica, filha de uma dona de casa e de um chefe de polícia aposentado, e se tornar Macarena Gelman García, como era para ter sido desde sempre. Perdeu a certeza de que seu aniversário seja mesmo um 1º de novembro.

Assim somou sua história à de uma centena de filhos e filhas de pais assassinados pelas ditaduras e entregues de maneira clandestina a famílias de militares e policiais, e que décadas depois recuperaram sua identidade real. E entendeu que será, para sempre, um dos símbolos mais visíveis, uma das provas mais concretas, daquele plano sinistro batizado como Operação Condor, que uniu os aparelhos repressivos das ditaduras que sufocaram a Argentina, o Brasil, a Bolívia, o Chile, o Paraguai e o Uruguai durante boa parte da segunda metade do século passado.

A história de Macarena Gelman está diretamente ligada a uma das faces mais cruéis da brutalidade desmesurada da ditadura cívico-militar que sufocou a Argentina de 1976 a 1983. Havia um plano sistemático de roubo de bebês de militantes presas. Macarena é um desses bebês, e com um dado extra: María Claudia García, sua mãe, presa grávida, foi levada para o Uruguai, onde teve sua filha. Passaram juntas um curto período de tempo: um mês, pouco mais, pouco menos.

O bebê — ela — foi dado de presente ao chefe de polícia. Seu pai, Marcelo Gelman, havia sido assassinado poucas semanas depois que o casal fora sequestrado e levado para um centro clandestino de detenção, ainda em Buenos Aires.

Da mãe, levada para o Uruguai, nunca mais se teve notícia. A esta altura, não resta nenhuma dúvida, não existe um fiapo sequer de esperança: foi assassinada. Macarena nem pensa em encontrar a mãe biológica. Sabe que seria uma procura vã. Por isso, busca seus restos mortais.

A história dela é um exemplar tanto da brutalidade como do absurdo do terrorismo de Estado que imperou na Argentina e no vizinho Uruguai, na outra margem do rio da Prata. Duas margens, um mesmo horror.

Na terça-feira, 24 de agosto de 1976, um grupo de homens armados cercou e invadiu o apartamento de Juan Gelman em Buenos Aires. Poeta e jornalista, Gelman integrava a cúpula do setor político dos Montoneros, organização armada da esquerda peronista. Fazia mais de um ano que era um dos homens mais buscados pela extrema direita argentina. Esteve na lista de prioridades da AAA, Aliança Anticomunista Argentina criada durante o governo de Maria Estela Martínez de Perón, a Isabelita, que herdou a presidência após a morte de Juan Domingo Perón. Ou seja: antes mesmo do golpe militar encabeçado pelo general Jorge Rafael Videla, Gelman tinha sua cabeça posta a prêmio. Por isso partiu para o exílio, ainda em 1975.

Quando sua casa foi invadida por uma patrulha, naquela terça-feira de agosto de 1976, havia muito tempo ele não morava mais ali. Os invasores encontraram seu filho Marcelo, de 20 anos, com a mulher, María Claudia, de 19, grávida de sete meses. Foram levados para o centro clandestino de detenção chamado Automotores Orletti.

De certa forma, ela foi poupada de tormentos maiores. Naquela altura, começava a ser implantado o plano sistemático desenhado pelos estrategistas do horror: poupar as grávidas até que elas dessem à luz, para então matá-las e roubar seus bebês.

Desde que soube da prisão de Marcelo e María Claudia, Juan Gelman não cessou um só instante em uma busca alucinada. Primeiro, com a esperança de encontrá-los com vida. E depois carregou mundo afora a pergunta mais dolorida: o que teria acontecido com o bebê que María Claudia esperava ao ser presa? Teria sobrevivido? Seria ele avô de um menino? Uma menina?

Marcelo foi trucidado. Não há informações precisas, mas há indícios de que tenha sido morto no final de setembro, começo de outubro, depois de semanas de tormentos incessantes. No final de 1989, após treze anos de peregrinação e angústia, Juan Gelman conseguiu encontrar os restos mortais do filho, dentro de um barril cheio de cimento e areia.

Tudo isso Macarena Gelman foi sabendo aos poucos, a partir do encontro com aquele senhor desconhecido que era seu avô paterno.

Assim que assimilou o turbilhão de informações inesperadas, assim que conseguiu refazer sua história e adaptar-se a uma vida que foi virada pelo avesso, começou a procurar respostas. E, acima de tudo, a procurar a verdade sobre sua mãe. Diz que não terá sossego nem consolo enquanto não encontrar seus restos.

Primeiro, reconstruiu a história de seus pais verdadeiros. Marcelo era militante da União de Estudantes Secundários da Argentina. Não tinha nenhuma militância especialmente relevante, mas naqueles tempos de breu quem se opunha era inimigo, e como inimigo tinha de ser eliminado. Nem ele nem María Claudia em momento algum participaram de qualquer ação violenta.

Para os repressores, porém, esse dado não tinha a mais remota importância. Pichar um muro, distribuir panfletos ou ter o nome anotado em algum papel encontrado com alguém que tivesse sido preso por pichar um muro ou distribuir panfletos ou ter o nome anotado em algum papel era motivo para ser tratado como inimigo.

No caso de Marcelo, o sobrenome certamente contribuiu para que a sanha contra ele fosse especialmente desmedida. María Claudia era sua companheira, o que já bastaria para que fosse considerada, no mínimo, adversária perigosa. Como também tinha uma militância — discreta, mas militância —, transformou-se igualmente em inimiga. Foi salva pela gravidez — e enquanto a gravidez durou.

Buscando entender o cenário em que se deu a prisão de seus pais e tudo que veio depois, Macarena diz que o mais provável é que nem eles nem ninguém acreditassem que a repressão chegaria aonde chegou.

Tenta descobrir o que há, nela, de María Claudia e de Marcelo. Conversando com a família de seu pai e de sua mãe, foi descobrindo pistas, marcas. Ouviu dizer que se parece fisicamente com a mãe. Que alguns de seus gestos, algumas de suas reações, atitudes, são de María Claudia. E que também tem traços físicos de Marcelo, especialmente os olhos, e a tendência a entrar em longos momentos de introversão. Ouve dizer que tem o mesmo gênio, o mesmo humor do pai.

Não renegou — nem quis — o casal que a criou, os pais que achou que eram os seus ao longo de 23 anos. Diz que continuou mantendo os sentimentos de uma filha. Que Ángel Touriño, o homem que a criou, foi seu pai desde sempre. Que sabe e entende que Marcelo e María Claudia não foram seus pais porque não deixaram que fossem. Mas não há como apagar o sentimento de filha que teve por Ángel e Esmeralda Touriño, a mulher que a criou e com quem continuou morando.

Conta que é uma relação de mãe e filha. Diz que é como se tivesse quatro pais: duas mães, dois pais. Não é um mecanismo racional: responde ao que sente.

Conta que muitas vezes deixa confusas as pessoas com quem conversa, pois nem sempre conseguem saber, de imediato, de qual pai e mãe está falando. Volta e meia se esforça para prestar atenção e qualificar os que a criaram como pai adotivo, mãe adotiva. Mas esclarece que, para ela, essa separação não existe.

Do homem que a criou, diz ter herdado a tolerância, a força de vontade e o fato de ter aprendido a sobreviver. Da mulher que acreditou ser sua mãe, a maneira afetuosa, os sentimentos fortes.

Até aquele dia de março de 2000, quando se viu frente a frente com um avô que jamais soubera que existia, nenhuma dessas — e de muitas outras — questões haviam aparecido em sua vida.

Uma vida, aliás, que transcorria sem maiores sobressaltos: ela não tinha nenhum interesse especial por política. Vivia a rotina normal de uma jovem montevideana, filha única de pais talvez um pouco mais velhos que os de suas colegas, uma família pequena, uma vida pequena: estudou sempre no mesmo colégio, depois vieram a faculdade, o trabalho, o namorado. "Uma vida comum", conta.

Jamais sequer suspeitou que aqueles dois não fossem seus verdadeiros pais. Diz que hoje, pensando melhor, deveria ter desconfiado: naquele tempo, não era nada comum que uma mulher de 46 anos tivesse um filho. Esmeralda tinha essa idade quando ela nasceu.

Só que, em sua vida rotineira, sem maiores sobressaltos, Macarena, cercada de mimos e afetos, jamais pensou no assunto.

Tudo começou a mudar em 1999, quando Ángel Touriño, diretor da Associação Nacional de Policiais Aposentados, teve um câncer. Quatro dias antes de morrer, ele não conseguia parar de chorar e de pedir perdão a Macarena. Na hora, ela não entendia a razão desse pedido, que era repetido de maneira incessante, feito uma ladainha de desespero.

Naquela altura, a campanha desatada por Juan Gelman corria mundo, era notícia em toda parte, com destaque nos jornais de Montevidéu. Ele tinha conseguido pistas da neta ou neto que o levaram a concluir que a criança que María Claudia esperava ao ser presa teria nascido no Uruguai.

Envolvida no drama da agonia do pai, Macarena passou ao largo do assunto. Jamais acompanhou o noticiário, jamais supôs nada. A atitude do pai nas portas da morte, porém, chamou sua atenção.

Ángel Touriño morreu no dia 14 de outubro de 1999. E, quatro meses mais tarde, certo dia Macarena chegou em casa, vindo da faculdade para almoçar, e encontrou a mãe aos prantos. Perguntou o que estava havendo, e Esmeralda disse que quando Macarena voltasse do trabalho as duas conversariam. Mas chorava tanto que ela decidiu não ir trabalhar. Perguntava a razão daquele choro todo, e nada: Esmeralda não conseguia falar.

Aflita, Macarena perguntou se tinha alguma coisa a ver com o pai, com ela, e a mãe respondeu que com os três. E então, sem saber ao certo por quê, Macarena perguntou: "É que eu não sou filha de vocês?"

Até hoje diz que não tinha razão alguma para perguntar o que perguntou. E a reação da mãe definiu tudo: "Quem contou?", perguntou ela a Macarena. Assim ela ficou sabendo. O resto veio numa aluvião.

Ouviu que não era filha dela e de Ángel. Que tinha sido deixada na porta da casa deles tarde da noite do dia 14 de janeiro de 1977. Alguém tocou a campainha. Quando Ángel abriu a porta, deparou com um bebê dentro de um cestinho — o mesmo cestinho em que Macarena foi vista pela última vez na prisão, no prédio do Serviço Nacional de Informação de Defesa, no centro de Montevidéu, ao lado de María Claudia, sua verdadeira mãe, no dia 22 de dezembro de 1976. Esse detalhe, porém, Esmeralda não contou — ou porque não sabia, ou porque não quis.

Havia um bilhete, escrito pela suposta mãe, dizendo que abandonava a recém-nascida por não ter meios para criá-la. E contando que a criança havia nascido no dia 1º de novembro de 1976.

Então, ao ouvir aquilo, começou o turbilhão virando a vida de Macarena pelo avesso, e o mundo desabou em cima dela. Quando encontrou o avô poeta, soube que, fazia anos, era procurada pela família de seus verdadeiros pais. Que tinha sido um bebê roubado, filha de pais presos, torturados, mortos e desaparecidos. Que, se estivesse viva, sua mãe teria 42 anos. E que seu avô paterno, Juan Gelman, levara anos procurando por ela desesperadamente.

Esmeralda, que criou Macarena como filha sabendo que não era, não sabia dessa história de horror. A menina havia chegado num cestinho: era o que interessava.

Até hoje Macarena diz estar segura de que a mulher que a criou não conhecia a verdade. Quanto ao homem que a criou, já não tem tanta certeza. Diz que até 1999, ano em que ele adoeceu, pode até ser que não soubesse de nada. Mas naquele ano, não saber passou a ser praticamente impossível.

A campanha levada a cabo por Juan Gelman ocupava espaço cada vez maior. Ele havia conseguido chegar muito perto: sabia que María Claudia, sua nora, tinha sido levada grávida para o Uruguai. Sabia onde ela havia estado presa. Localizou antigos prisioneiros que tinham estado com ela. Entrou em contato com um bispo católico, dom Pablo Galimberti, a quem entregou toda a vasta documentação reunida ao longo de décadas de busca. Escreveu uma carta aberta ao então presidente uruguaio Julio María Sanguinetti, que acabou gerando uma troca de correspondência pública entre os dois, com o mandatário prometendo fazer o que não fez: empenhar todos os seus esforços para localizar a neta ou neto de Gelman.

Impossível que Ángel Touriño não tivesse atado os cabos soltos, buscado informações e tomado conhecimento da verdade. Daí, acredita Macarena, seu pranto e a saraivada incessante de pedidos de perdão nos últimos dias em que viveu.

Há outros indícios: um dos suspeitos de ter responsabilidade direta na morte de María Claudia, sua mãe biológica, é um policial ligado à mesma agrupação política onde Ángel Touriño militava. Seria demasiado inocente, diante desse quadro, supor que continuasse ignorando a história da criança deixada na porta de sua casa numa noite de 23 anos antes.

Outro ponto que impressionou Macarena foi a rapidez com que o homem que achava que era seu pai desmoronou em 1999. Foi diagnosticado um câncer, é verdade. Mas, hoje, ela tem certeza que parte do profundo abatimento padecido por Touriño foi por ter ficado sabendo da verdadeira história.

Passados quatro meses da morte do homem que durante toda a sua vida Macarena acreditara ser seu pai, ela começou sua própria procura da verdade. Foi conversar, aconselhada pela mãe de criação, com monsenhor Galimberti.

E a primeira coisa que ouviu foi sobre a Operação Condor.

O religioso contou a Macarena, em detalhes, tudo que havia sido averiguado por Juan Gelman. E recomendou duas coisas. Primeiro, que ela concordasse em se submeter a um teste de DNA. E, segundo, que tratasse de ir se aproximando, pouco a pouco, do avô. Entregou a ela uma pasta com fotografias de Juan Gelman, de Marcelo, seu pai verdadeiro, de María Claudia, sua mãe.

Foi quando ela descobriu o que meio Uruguai sabia: a campanha intensa nos jornais, a peregrinação do avô, a troca de cartas com o presidente da República. E então, quis conhecer o avô — mas tudo com muita precaução, com muita cautela. Afinal, sua vida inteira vinha abaixo, e uma outra, desconhecida, nebulosa, ganhava espaço.

Sempre com a intermediação de monsenhor Galimberti — e, da parte de Macarena, com apoio de sua mãe de criação —, os contatos com Juan Gelman foram se estreitando. Em fevereiro de 2000, ele viajou do México, onde morava, para o Uruguai.

No dia 31 de março, os dois se encontraram pela primeira vez. E começou uma vida nova, num mundo novo, para Macarena. Conheceu a avó paterna, a tia e um primo, que vivem em Buenos Aires. Da família da mãe, a avó e um tio, que vivem em Barcelona. Assim foi descobrindo primos e tios ignorados, inesperados.

Em 2004 ela começou o penoso e lento processo de mudança legal de nome, assumindo os sobrenomes de seu pai e sua mãe biológicos.

Macarena procura a verdade. Quer saber onde nasceu. Diz que o mais provável é que tenha sido no hospital militar de Montevidéu.

Quer saber em que dia nasceu. Diz desconfiar do 1º de novembro.

Conta que desde que descobriu sua verdadeira história, a cada 1º de novembro sente a mesma coisa: uma espécie de culpa. Sabe que é uma sensação descabida, injusta, mas que surge assim mesmo. Não há como não lembrar que no seu caso, da mesma forma que nos de todos os bebês roubados, o nascimento do filho era a sentença de morte da mãe. A mãe viveria até que o bebê nascesse.

O bebê tinha destino determinado: ser entregue a alguém. O destino da mãe também estava determinado: sua vida terminava na do filho. E isso, Macarena não consegue esquecer a cada aniversário.

Quer, acima de tudo, encontrar os restos mortais de sua mãe, saber quem a matou, quem foram os responsáveis. Quer a verdade para obter justiça: diz que essas duas palavras têm, necessariamente, de andar grudadas uma à outra.

Diz que, com o tempo, foi entendendo que é impossível ter justiça sem ter a verdade. No caso dela, a verdade fechará seu círculo quando souber como sua mãe foi morta e encontrar seus restos mortais. E diz que os restos de María Claudia e de todos os outros desaparecidos só serão encontrados conforme a Justiça avançar em suas investigações sobre os crimes cometidos sob a vigência do terrorismo de Estado. Para que se possa avançar na Justiça, é preciso contar com testemunhas e depoimentos que permitam que se chegue à verdade. Que se possa contar com informações confiáveis: lembra que os que participaram da repressão, da tortura, dos assassinatos, muitas vezes mesclaram — e continuam mesclando — informações verdadeiras com outras, falsas, para confundir as investigações.

Diz que há uma rede de silêncio cúmplice. Insiste na necessidade de que se abram todos os arquivos dos anos de breu no Uruguai, que os países que padeceram ditaduras coordenem seus esforços para que as informações sejam compartilhadas.

Ela, que é uma das provas mais contundentes da existência da Operação Condor, diz que se nossos países tiveram governos que souberam promover uma ação conjunta para sequestrar, assassinar e fazer desaparecer quem se opôs às ditaduras, na recuperada democracia deveriam tornar a agir juntos, agora para resgatar a memória, restabelecer a verdade e promover a Justiça.

Para Macarena, contar sua história é uma ferramenta para ceifar o silêncio cúmplice e para encontrar a verdade.

No fundo, o que ela quer, o que ela pede, é de uma simplicidade cristalina — e, talvez por isso mesmo, tão difícil de ser alcançada: terminar uma história que conseguiu reconstruir aos pedaços, mas que não teve final. A história de sua mãe.

Reivindica o mesmo direito de qualquer pessoa: se aconteceu algo com a mãe, com o pai, que se investigue, que os culpados sejam identificados e castigados. Simples assim. E que, no caso dela, tem sido diferente: mataram sua mãe, mataram seu pai, e ela não consegue saber quem são os culpados.

Há anos convive com a mesma pergunta que lança ao vento e não encontra resposta: se todo mundo tem o direito de enterrar seus familiares, por que com ela as coisas são diferentes?

Sabe que a informação existe. Sabe que quem sabe mente ou silencia. E pergunta: por quê?

Com os olhos claros de Marcelo, com os olhos claros de Juan, assegura que não se trata de revolver o passado. Ao contrário: ficar no passado é não assumir o que aconteceu e o que mudou. Não conhecer o que aconteceu.

Admite que talvez tenha que viver com a sombra dessa dúvida, dessa busca, para sempre. E diz que o que não quer é ter de viver com a noção de que não fez nada para que tudo mudasse — e não só em relação a ela, à sua história, mas a todo aquele horror vivido e depois silenciado, escondido.

Quando não se faz nada, diz Macarena, as feridas não cicatrizam.

Sua mãe não sumiu levada pelo vento, mergulhada em águas velozes. Seu corpo não foi arrastado por correntezas bravias. Não: alguém pôs o corpo de María Claudia em algum lugar. E esse alguém deve estar vivo. E deve existir mais alguém que saiba dessa história. Ninguém agia sozinho.

O que ela conseguiu refazer da história da mãe já é muito. Sabe que as duas, mãe e bebê, ficaram juntas até o dia 22 de dezembro de 1976. Buscando fios soltos, fiapos de história, foi tecendo a verdade — uma verdade ainda muito incompleta.

Descobriu que vários militares e agentes de repressão argentinos visitaram o centro clandestino de detenção onde sua mãe esteve. Soube que María Claudia foi levada ao Uruguai num segundo voo noturno, também clandestino, junto com presos argentinos e uruguaios.

É que alguns dos que viajaram no primeiro voo não tinham sido mortos pelos militares do Uruguai. Para evitar que semelhante equívoco se repetisse, os argentinos passaram a visitar os centros clandestinos uruguaios para se assegurar de que não haveria sobreviventes.

Todos os daquele segundo voo — e dos que vieram depois — estão desaparecidos. Mortos. Assassinados, sem que ninguém tenha dado com seus restos mortais.

Há muitos militares e agentes de segurança uruguaios presos. Eles sabem a verdade. E mais gente também sabe. Volta e meia surgem pistas falsas, o que não faz mais do que aprofundar a dor de Macarena. Mas ela determinou que irá em frente, sempre em frente.

Há mais gente, além dos militares e dos agentes de segurança, interessada nesse silêncio perverso. Grupos econômicos se beneficiaram, e muito, no Uruguai e em todos os nossos países, com as ditaduras. E disso Macarena também sabe. O silêncio convém a muita gente. Muita.

Em março de 2012, o Estado uruguaio cumpriu dois pontos da sentença determinada pela Corte Americana de Justiça. Colocou uma placa no local onde María Claudia ficou presa e onde ela e Macarena passaram os últimos instantes juntas. E o presidente José Mujica reconheceu que o Estado uruguaio cometeu crimes durante a ditadura.

Não foi um pedido de perdão. Macarena nunca pediu e jamais pedirá que o Estado peça perdão a ela.

Diz que não viu ninguém arrependido. E que sem arrependimento, não há como pedir perdão, a ela ou a quem quer que esteja entre as outras vítimas da barbárie.

(Uma vez, Macarena Gelman me contou um pesadelo que a acompanhou durante boa parte da infância e da primeira adolescência. Um pesadelo recorrente, que ela não conseguia entender. Era

noite, e ela despertava com a casa cercada por homens armados. E esses homens invadiam a casa, e ela saía do pesadelo com a alma sufocada.

Macarena não sabia que no pesadelo estava vendo o que havia acontecido com Marcelo e María Claudia, seus pais, os pais que ela não conheceu jamais.

Não sabia que mais do que pesadelo, o que arruinava suas noites era uma revelação.)

Argentina: a vida recuperada

Mariano Andrés Falco nasceu no dia 20 de março de 1978, num hospital público de Buenos Aires. É o que está na sua certidão de nascimento. Filho de Luis Antonio Falco e Teresa Perrone, irmão menor de Vanina, Mariano teve uma infância estranha e uma adolescência tortuosa e atormentada. A mãe era dona de casa. O pai, agente da Polícia Federal argentina. Fazia parte da Superintendência de Inteligência. O avô paterno foi delegado da mesma polícia, e também era policial um tio, irmão de seu pai.

Antes da chegada de Mariano, o casal havia perdido um bebê. Mariano nunca soube se Teresa havia sofrido ou feito um aborto ou se o bebê, que seria seu irmão mais velho, tinha morrido durante o parto. Coube a ele, Mariano, ocupar o seu lugar.

Seria uma típica família padrão, não fosse uma característica peculiar: em casa, o pai era um homem extremamente violento, e Mariano, seu alvo permanente. Qualquer travessura, qualquer erro, era razão para bofetões, berros e ofensas. Assim foi sempre, desde as primeiras lembranças de Mariano desta vida.

O pai volta e meia andava armado dentro de casa e não perdia ocasião para recordar a Mariano que era ele quem pagava sua comida e sua escola, e que graças a ele o menino tinha um teto e uma cama onde dormir. Protegia de maneira escandalosa Vanina, a irmã mais velha, humilhando ainda mais o garoto. Isso, desde sempre. A irmã tentava compensar a brutalidade do pai sendo carinhosa com Mariano.

Uma família distorcida: a mãe omissa de tão amedrontada, o pai de uma ferocidade descontrolada e sem limites. E um menino solitário, que, mais tarde, diria que nunca teve nada, nenhum outro afeto que o da irmã. Que se sentia um estranho naquela casa, neste mundo, nesta vida. Que sentia que não pertencia a nenhum lugar.

O trabalho de Luis Antonio Falco era no serviço de inteligência da Polícia Federal. Para encobrir suas atividades, se fazia passar por "visitador médico", que é como são chamados na Argentina os que visitam clínicas e consultórios informando sobre novos medicamentos. Distribuía informações e amostras grátis: dizia viver disso.

Mariano era rigorosamente instruído: se, na escola ou na rua ou onde quer que fosse, alguém perguntasse o que o pai fazia, a resposta teria de ser uma e uma só: visitador médico.

Em reuniões de família, desde que Mariano era menino, o pai às vezes abria o jogo. Contava de ações ousadas, de casas invadidas, das operações policiais, e se vangloriava por ter levado discos e até um violão, que estavam lá, na casa deles, de uma dessas ações. Trabalhou, com identidade falsa — tinha documentos dizendo que era Leonardo Fajardo —, nas tarefas de tentar descobrir militantes que poderiam agir contra a ditadura militar durante o Mundial de 1978, ano em que Mariano havia nascido. Claro que ele não falava em ditadura militar: dizia "contra nós".

Contava como havia conseguido se infiltrar no movimento das Mães da Praça de Maio, tarefa exclusiva da Marinha, sem ter sido descoberto. E reiterava a ordem de sigilo absoluto a Mariano e a Vanina.

Menino, Mariano jogava hóquei sobre patins. Ficava na defesa, mais com dureza que com elegância e habilidade. Era o número 6 no time infantil do Círculo Policial. O clube ficava no bairro de Núñez, distante da casa da família, em outro bairro portenho, Floresta. Ficava perto, a um quarteirão de distância, da ESMA, a Escola Superior de Mecânica da Armada.

Lá foi instalado o maior campo de concentração durante a ditadura argentina, que durou de 1976 a 1983. Calcula-se que 5 mil pessoas passaram por lá. Há cerca de duzentos sobreviventes, e um número indeterminado de crianças que nasceram na ESMA. Todas as mães foram assassinadas, e essas crianças foram entregues a policiais, a militares ou a gente próxima a eles.

Mas Mariano não sabia nada disso.

Ele tinha 9 ou 10 anos quando o pai apareceu em casa com uma boina militar. Era uma espécie de símbolo dos que, como ele, haviam concluído um curso de capacitação na escola de comando da Polícia Federal. Um amigo do pai, Jorge Veyra, costumava dar de presente a Falco umas cruzes suásticas, com seu respectivo alfinete para serem prendidas na roupa. Falco prendia as suásticas na boina. Veyra também era policial. Ele e a mulher se diziam padrinho e madrinha de Mariano.

A família de Mariano costumava ir ao clube da Polícia Federal nos fins de semana, onde encontravam amigos. Mariano lembra a vez que, à beira da piscina, seu padrinho teve uma discussão agitada com Vanina. Ela havia criticado a matança de judeus pelos nazistas durante a Segunda Guerra Mundial. Jorge Veyra, irritado, justificou o que os nazistas tinham feito, e advertiu Vanina: "Quando você crescer, vai ver o que são esses judeus...". Veyra, ao seu modo, jamais deixou de defender os nazistas da Alemanha daqueles tempos estranhos e obscuros. Jamais deixou de criticar os judeus.

O trato do padrinho com Mariano era tosco e brusco, com Veyra deixando claro o que, na sua opinião, era ser homem de verdade. Costumava levar de presente para o menino revistas militares e peças do uniforme das forças especiais, as tropas de elite da Polícia Federal.

Quando Mariano começou um curso preparatório para entrar no Liceu Militar, a cada vez que se encontravam Veyra perguntava: "Como vai o meu cadete?"

Para dissuadir Mariano de ir para a universidade quando terminasse o colegial, dizia que universitário era uma praga que não valia nada. E comentava, desafiante, que os militares tinham "varrido do mapa sei lá quantos universitários".

Os pais tinham outros amigos, todos policiais, e esses amigos tinham filhos. Um dos mais chegados se chamava Samuel Miara, delegado da Polícia Federal e pai dos gêmeos Matias e Gonzalo, um ano mais velhos que Mariano. Os três meninos iam ao mesmo colégio. Passavam muito tempo juntos. Eram amigos.

Miara era casado com Beatriz Castillo. Ele e Falco eram tão próximos que o menino chamava o amigo do pai de "tio". E os gêmeos correspondiam, chamando de "tio" Luis Antonio Falco. As mães eram chamadas de "tias" pelos três meninos.

O casal Miara, com as crianças, também frequentava o Clube da Polícia Federal nos fins de semana.

Mariano tinha 8 ou 9 anos, a Argentina já vivia na democracia recuperada, quando viu, na televisão, fotos dos filhos de Miara. Era uma propaganda do governo, pedindo informações sobre o paradeiro de Matias e Gonzalo. Dizia que eram filhos de desaparecidos, que é como até hoje chamam, na Argentina, os que foram sequestrados e assassinados pela ditadura, e cujos corpos jamais apareceram.

Fazia um bom tempo que Mariano não via os gêmeos: desde o fim do regime militar, em 1983, Miara tinha ido morar com a família no Paraguai. Mariano perguntou aos pais o que aquela propaganda queria dizer. Ouviu, como resposta, que certamente era algum engano.

Mas aquela história ficou impregnada em sua memória. O que teria acontecido com os gêmeos Miara? Onde os meninos tinham ido parar? Por que o Paraguai?

Naqueles anos iniciais da democracia, o país vivia sacudido por revelações. Começaram os julgamentos dos altos mandos militares, falava-se abertamente em sequestros, desaparecimento de presos ilegais, torturas, assassinatos. E também se falava, e muito, do roubo sistemático de bebês nascidos em cárceres clandestinos. Eram histórias de espanto e assombro.

É verdade que antes, em plena ditadura, esses horrores eram denunciados, especialmente pelas Mães da Praça de Maio, que procuravam seus filhos desaparecidos, e pelas Avós da Praça de Maio, que buscavam os bebês de suas filhas nascidos na prisão e dados de presente a militares e policiais.

Mas Mariano era muito pequeno para se dar conta daquilo tudo.

Aos 8 ou 9 anos, lá por 1986, ele começou, de maneira ainda muito incipiente, a se impressionar com histórias que não conseguia entender bem, mas que chamavam sua atenção. A de Matias e Gonzalo foi a que marcou mais.

Em 1990, quando ele tinha 12 anos, o Paraguai aceitou o pedido de extradição de Samuel Miara feito pela Argentina. Mariano e o país inteiro souberam da intrincada e trágica história dos gêmeos.

Abelardo Rosetti, militante de esquerda, havia feito a denúncia de que os meninos eram filhos de sua mulher, presa grávida durante a ditadura, e que tinham sido roubados por Miara depois da execução da mãe.

Os exames genéticos mostraram que Rosetti estava enganado. Mas mostraram também que Gonzalo e Matias eram filhos de outra militante sequestrada grávida e assassinada pouco depois de dar à luz os meninos: foi comprovado que os verdadeiros pais dos gêmeos eram Juan Enrique Reggiardo e Maria Rosa Tolosa, presos e depois executados. Os gêmeos foram registrados em cartório como filhos de Samuel Miara e Beatriz Castillo.

134

Terminada a ditadura, e como se soubesse o que poderia vir pela frente, Samuel Miara fugiu para o Paraguai levando os meninos. Mariano não saía do espanto. Aquele homem e aquela mulher e aqueles gêmeos que frequentavam sua casa eram parte da história de horror que o país destampava.

Começou a atar os cabos. Lembrou, por exemplo, que, certa vez, Falco e a mulher fizeram uma viagem a Assunção, e na volta comentaram com os filhos que, "vejam só que coincidência", tinham encontrado Miara e os gêmeos.

Mariano insistiu e insistiu em querer saber a verdade. Afinal, era um caso público de filhos de desaparecidos. Por que nunca disseram a ele que Gonzalo e Matias não eram filhos de Samuel e Beatriz?

E então, Falco admitiu: disse que Miara tinha adotado os gêmeos sem saber sua verdadeira história. Contou que os meninos haviam sido entregues a ele recém-nascidos e que foram criados com todo amor. Disse que foram bem alimentados, bem educados, e por isso mesmo eram gratos aos pais.

Quando os gêmeos chegaram na casa de Samuel e Beatriz, recordou Falco, "pareciam ratinhos brancos", de tão esquálidos.

A questão de os meninos terem sido criados como filhos, sem saber que eram adotados, foi, para Mariano, um impacto. Porque muitas vezes o próprio Mariano havia sentido que não era, não podia ser, filho de Luis Antonio Falco e Teresa Perrone. Eram muitos os vazios na sua história, era muita a distância entre eles.

Na casa de Mariano havia álbuns de retratos. Nesses álbuns não havia nenhuma foto de Teresa grávida de Mariano. Da mãe grávida de Vanina, muitas. Da irmã bebê, muitas. Dele bebê, nada. Nada de fotos do pai com ele menino nos braços. Do batizado, da primeira comunhão, dos aniversários, nenhum registro.

Ele não entendia a razão, da mesma forma que não entendia a brutalidade do pai, as sovas que muitas vezes acabavam em crises de vômito, a violência da humilhação incessante, as ameaças. Era como se tivesse cometido algum mal sem remédio, como se carregasse no sangue e na alma alguma coisa ruim, maléfica, e que por isso precisasse o tempo todo ser corrigido, vigiado, castigado.

Foi criado sabendo que as regras eram claras, que a disciplina era marcial, pois só assim se formava um homem íntegro, um argentino de verdade.

Não devia perguntar muito: devia obedecer o tempo todo, sem questionar nada. E sentir medo do castigo que viria, irremediavelmente, se duvidasse, se perguntasse além da conta, se questionasse. Toda sua formação, toda sua vida, foi construída para fazer parte de um determinado sistema, e só na adolescência começou a entender que as coisas podiam ser vistas e compreendidas de outro lado, e a partir daí dedicou todos os seus sábados a ir a favelas e a orfanatos. Integrava grupos de jovens como ele, que se dedicavam a trabalhos recreativos com os meninos favelados e com os órfãos.

Na casa de Mariano havia livros. A maioria tratava de formação militar. Alguns defendiam os métodos utilizados pela repressão durante a ditadura militar: torturas, violência, humilhações de todo tipo. O mundo, a vida, tudo era uma guerra. O inimigo estava nas sombras, estava ao sol, estava em todo lado. Era preciso derrotá-lo, e nessa batalha sem fim qualquer meio, qualquer arma servia. Nessa crença ele foi criado.

Ele tinha pouco mais de 15 anos quando encontrou, no meio daqueles livros, um com um título que chamou sua atenção: *Nunca más.*

Naquela altura da adolescência, Mariano vivia mais atormentado que nunca. As brigas com o pai superavam todos os limites. Para piorar, a agressividade de Luis Antonio Falco passou a ter Vanina como alvo. Menos que Mariano, é verdade. Mas até aquela altura, ela havia sido poupada.

Quando começou a ler *Nunca más*, tropeçou com nomes de muitos dos amigos de seu pai. Lá estava o mesmo Jorge Veyra que detestava judeus e o chamava, orgulhoso, de "meu cadete". Lá estava o mesmo Samuel Miara, que ele chamava de tio quando era menino.

Lá estava o detalhado, tenebroso inventário de horrores. Lá estava a história de prisões ilegais, roubos, sequestros, assassinatos, desaparecimentos. E lá estava também a história dos bebês de militantes assassinadas e que haviam sido roubados por policiais e militares e criados sem saber quem eram, sem ter a própria verdade.

Em casa, Mariano era, cada vez mais, um estranho no ninho. Tinha curiosidades, inquietações e rebeldias que iam contra a maré de ordens e enquadramentos disparada por Luis Falco.

Era um adolescente primeiro, e um jovem depois, politizado, com questionamentos que iam na contramão do que pensava e dizia o pai. Havia uma contradição permanente entre o que Mariano pensava, entre o que provocava inquietações em sua cabeça e em sua alma, e o que dizia, pregava e defendia o pai.

A relação, que sempre tinha sido muito ruim, conseguiu piorar ainda mais. Mariano tinha 19 anos quando Luis Falco se divorciou de Teresa Perrone e saiu de casa. Nos seis anos seguintes, os dois quase não se viram e pouco se falaram.

Foi naquele período de vida que as dúvidas de Mariano desandaram de vez. Era acossado por perguntas sem resposta, por mistérios escuros, por labirintos sem luz.

Olhava o próprio rosto no espelho, buscando traços do pai, da mãe, da irmã, e não encontrava nada. Buscava marcas e registros de seu nascimento, da gravidez da mãe, e não encontrava nada além de uma certidão expedida num hospital público de Buenos Aires.

Buscava memórias e não encontrava nenhuma. Era como se fosse um nada surgido do nada e vagando num imenso oceano de nada.

Cada vez mais, Mariano começou a duvidar da própria história. Naquela altura, pouca notícia tinha do pai. Conversava disso com a irmã Vanina, sempre tão próxima. Disparava perguntas, e não encontrava nada além do silêncio, porque também ela não tinha resposta alguma.

Era um jovem inquieto, politizado, sempre na maré contrária ao que tinha vivido em casa. Participou das manifestações populares que terminaram, em dezembro de 2001, com a renúncia do presidente Fernando de la Rúa. Dois anos depois, fez de tudo para ir ver Fidel Castro discursar na Faculdade de Direito. Tendo sido criado no ambiente em que foi, como explicar aquela reviravolta política?

Naquele mesmo 2003 da eleição de Néstor Kirchner e do discurso de Fidel em Buenos Aires, Mariano, inconformado, pressionou a mãe com uma saraivada de perguntas certeiras.

Até que ela admitiu: sim, ele não era filho do casal. Tinha sido adotado em 1978.

Naquela época, naquele 1978, e nas circunstâncias de vida que tinha levado, não havia outra: ser filho adotado não era ser filho adotado. Era ser filho de uma desaparecida.

Foi assim que, em meados de 2003, Mariano Andrés Falco sentiu que começava a deixar de existir. Contou de seu desassossego à irmã Vanina.

Juntos, em junho de 2003 decidiram recorrer às Avós da Praça de Maio. Juntos foram até lá, juntos conversaram com a presidente do movimento, Estela de Carlotto, mãe de uma desaparecida, avó de uma criança roubada e ainda não encontrada.

Em outubro de 2003, sempre juntos, Mariano e Vanina foram até o laboratório para colher amostras de sangue e fazer o teste de DNA. Sabiam que ali começava uma espera que poderia se arrastar por semanas, meses, anos. Seus dados genéticos seriam comparados com os guardados num banco de dados de desaparecidos e assassinados pela ditadura, entre 1976 e 1983. Se houvesse algum resquício, algum vestígio de seus pais, estaria ali. Teria que esperar.

Quando voltou para casa, Mariano telefonou para o pai. Fazia meses que não se falavam, quase cinco anos que não se viam.

No telefonema daquele fim de tarde, ele disparou à queima-roupa: disse que sabia que era filho de desaparecidos e exigiu que Luis Falco dissesse quem eram seus verdadeiros pais. Luis, primeiro, tentou convencer Mariano de que estava enganado, que era seu pai.

E depois, perguntou: "Quem mais sabe dessa história que você está me contando?" O tom imperativo da voz, o timbre da voz que o apavorou desde sempre, trouxeram de volta o medo.

E então Mariano, na busca de alguma proteção, resolveu arriscar e apostou alto: "Estella de Carlotto e o presidente Néstor Kirchner."

Ele nunca tinha falado com Kirchner. Achou que mencionar o nome do presidente conteria o ímpeto de Luis reagir de maneira violenta contra a irmã e contra ele. Feita a aposta, Mariano desligou.

Pouco depois, Falco telefonou. Disse que queria se encontrar com ele. Mariano disse que não. Então, Falco perguntou a Mariano: "O que você precisa para deixar essa história de lado?" Mariano desligou. Nunca mais se falaram.

Na segunda-feira, 26 de janeiro de 2004, Mariano Andrés Falco deixou de existir de uma vez e para sempre. Foi quando contaram a ele que era o neto recuperado de número 77. Naquele dia nasceu, pela segunda vez na vida, Juan Cabandié.

A primeira tinha acontecido quase 26 anos antes, num dia incerto de março de 1978. Pode ter sido na quinta-feira, dia 16. Pode ter sido na segunda-feira seguinte, dia 20. Ou na sexta-feira daquela semana, dia 24. Pode ter sido em qualquer um daqueles dias. E não tinha sido em nenhum hospital público de Buenos Aires: foi numa das masmorras mais cruéis da ditadura, um quartinho abafado e mal-ajambrado da Escola Superior de Mecânica da Armada, o campo de concentração da Marinha argentina.

Não importa: o que importava para o Juan recém-nascido pela segunda vez na tarde daquela segunda-feira do verão sufocante de Buenos Aires era descobrir como foi seu primeiro nascimento, qual era, foi e é sua verdadeira história. Qual a vida que não deixaram que ele vivesse.

Naquela segunda-feira, 26 de janeiro de 2004, ele se encontrou com um avô, duas avós (que faziam parte das Avós da Praça de Maio), cinco tios e tias e vários primos na sede da associação das Avós da Praça de Maio, em Buenos Aires. Tudo era um carrossel vertiginoso. Primeiro, a notícia de que havia novidades. Logo, a ida, sempre com a irmã Vanina, até o escritório das Avós.

E lá, aquele bando de gente, aquela explosão de sorrisos e emoções, encontros e reencontros nunca antes acontecidos. A vida nova: a vida, enfim, verdadeira.

E então ele encontrou estranhas explicações. Por exemplo: na adolescência, dizia que não queria se chamar Mariano, queria se chamar Juan. De onde tirou semelhante ideia? Nunca soube. A uma namorada, disse que se um dia os dois se casassem e tivessem um filho, se chamaria Juan. De onde essa insistência?

Nunca soube, até saber que Juan foi o nome que Alicia, sua mãe, havia escolhido para ele. A mãe que ele jamais conheceu. A mãe que, até aquele instante, ele sequer sabia que havia um dia existido.

Pouco a pouco foi refazendo a vida que poderia ter sido e que não foi. E começou a juntar pedaços de uma história estilhaçada, e armando a história de seus pais, a história de Alicia e Damián, que não chegaram a viver o número de anos que ele tinha quando descobriu quem era.

É significativo o número de casais jovens e até extremamente jovens que, militando politicamente naqueles anos de vertigem, escolhiam engravidar. Como se fosse um esforço angustiado de preservar a própria história, a própria vida.

Damián Cabandié, seu pai, era militante da Juventude Peronista. Alicia Alfonsín era admiradora do Che Guevara. Os dois se conheceram no fim de 1975, quando o país já vivia o caos do governo destrambelhado de Maria Estela Martínez de Perón, que se fazia chamar de Isabelita desde os tempos em que era bailarina num cabaré da Cidade do Panamá. Era também a viúva do general Juan Domingo Perón, e havia sido eleita vice-presidente junto com o marido. Quando Perón morreu, ela assumiu.

Quando os dois se conheceram, Damián tinha 17 anos. Alicia, 15. Ele era figura conhecida na Unidade Básica da Juventude Peronista no bairro Colegiales. Ela era a caçula de quatro irmãos. Tinha estudado no colégio católico Compañía de María. Com Damián, faziam o que naquele tempo era chamado de "trabalho social" numa favela do bairro. Aliás, como Juan também tinha feito, quando ainda pensava que era Mariano. Depois do golpe militar de março de 1976, a unidade básica onde os dois militavam passou para a esfera dos Montoneros, a organização armada da esquerda peronista. Nem ele nem ela jamais participaram de qualquer ação militar.

De descoberta em descoberta, Juan ficou sabendo que sua mãe era exímia jogadora de basquete, com a camiseta número 6. Ora, ele mesmo, quando jogava hóquei sobre patins, usava a camiseta número 6. Soube também que sua mãe adolescente gostava de ler, e que escrevia poemas.

E soube do horror: na tarde do dia 23 de novembro de 1977, uma quarta-feira, Damián não voltou do trabalho. No começo da noite, Alicia foi presa quando saía de um armazém vizinho à casa dos dois. Pouco depois, um grupo que se apresentou como pertencente a umas "Forças Conjuntas" invadiu a casa da rua Solís, número 688, um endereço modesto em um bairro popular, Congresso, na zona central de Buenos Aires.

Esses homens não precisaram tocar a campainha, não precisaram derrubar a porta: tinham as chaves tomadas de Damián, preso na rua horas antes. Reviraram tudo.

Começava o horror. Alicia era loura, magra, tinha 17 anos. E estava no quinto mês da gravidez.

Os dois foram levados primeiro para um centro clandestino de detenção chamado "El Banco". Depois, para outro, mais cruel, o "Club Atlético". Muito mais que as antessalas do inferno, eram o próprio inferno. De Damián, nunca mais se teve notícia alguma depois de ter sido levado para o "Club Atlético". Quem trabalhava nesses dois centros clandestinos era Samuel Miara, que descobriu Juan. Aquele mesmo Miara, pai dos gêmeos que eram seus amigos na infância. Aquele mesmo Miara condenado como torturador.

Alicia, quando perceberam seu estado, cumpriu o destino que era dado às militantes que esperavam um filho: foi levada para a ESMA, para o que era chamado de "quarto das grávidas".

146

Ele tinha 19 anos e olhos verdes, como Juan, e fazia parte de um grupo de teatro. Ela, 17, era loura, os cabelos muito curtos, e de uma timidez de poucas palavras. Ele trabalhava na companhia telefônica. Ela estava terminando o curso secundário.

Como não havia limites para o horror e a perversão, tinha surgido uma rotina dentro da ESMA: os responsáveis permitiam que alguma outra presa acompanhasse o parto daquela que iria morrer. Que ia dar uma vida naquele lugar de tanta morte.

Uma dessas acompanhantes era Sara Solarz de Osatinsky, militante do grupo Montoneros, viúva de Marcos Osatinsky, um dos líderes mais conhecidos da organização. Ele tinha sido morto em 1975, antes da ditadura. Ela foi das primeiras presas levadas para a ESMA, e uma das pouquíssimas sobreviventes.

Sara acompanhou umas 17 mulheres na hora do parto. Era espantoso: essas mulheres, todas jovens ou muito jovens, davam à luz com um dos braços algemado na cabeceira da cama. Durante a gravidez, elas tinham alguns privilégios: além do sanduíche diário de pão com carne, ganhavam duas frutas. Podiam passar o dia num quartinho com paredes de papelão compensado, não precisavam ficar encapuzadas o tempo todo, podiam costurar. E não eram torturadas. De noite eram devolvidas para suas celas.

A primeira presa a pedir companhia na hora do parto foi Ana de Castro, presa pelo Exército e levada para o campo de concentração da Marinha poucas semanas antes de dar à luz. Um guarda foi até a cela de Sara e levou-a até a enfermaria que ficava no porão, ao lado das salas de torturas. Poucos dias depois outra presa, Maria Hilda Pérez de Donda, cunhada de um oficial da Marinha, e que tinha sido presa pela Força Aérea, pediu que Sara estivesse com ela na hora de dar à luz. E assim foi com Alicia Alfonsín de Cabandié, a mãe de Juan.

Todas elas puderam ficar com seus filhos durante no máximo três semanas. Assim foi com Alicia: ficou vinte dias com Juan. Tiveram 480 horas juntos. Depois, nunca mais, porque imperava a rotina macabra: passado o tempo regulamentar, os bebês eram entregues a policiais ou a militares e as mães, mortas.

Antes de serem levadas para a morte, tinham que indicar o nome de algum parente para que seu bebê fosse entregue. Ouviam que seriam levadas para outro presídio. Nenhum bebê jamais foi entregue a parente algum. Nenhuma delas foi levada para presídio algum. No caso de Juan, um policial federal conhecido como "Pedro Bolita" decidiu entregá-lo a Luis Antonio Falco.

Em seus depoimentos à Justiça, Sara de Osatinsky deu os nomes dos médicos que fizeram os partos e depois acompanharam as mães: Jorge Luis Magnacco foi quem mais atuou. E também Alberto Arias Duval. Deu os nomes dos torturadores e do responsável pela região naval onde estava a ESMA, Héctor Antonio Febres, que cuidava do destino dos bebês. Singularidades do horror: os meninos eram os preferidos dos militares. Já os policiais preferiam roubar meninas recém-nascidas. Febres jamais contou para quem os bebês roubados foram entregues.

Tudo isso Juan Cabandié foi reconstruindo aos poucos. Soube como seus pais se conheceram, ainda adolescentes, como militaram (ela, sem maior peso ou destaque) na Juventude Peronista. E trata de imaginar o andar da mãe aos 7 ou 8 anos, quando passa a frequentar o Club Social y Deportivo Colegiales, e pouco depois, começando a jogar basquete. A mãe ouvindo as bandas de rock de seu tempo, como Almendras, Aquelarre, Vox Dei. E tenta resgatar a imagem do pai, ainda jovem, torcedor do River Plate e admirador de automobilismo. Os dois fazendo trabalho social em favelas. Os dois querendo mudar o mundo.

De alguma forma, para Mariano Andrés de Falco o mundo mudou, e radicalmente, a partir daquela segunda-feira, 26 de janeiro de 2004, dia do segundo nascimento de Juan Cabandié. Seus dois filhos, Pedro e Ciro Néstor, levam o sobrenome correto. Não são Falco: são, como Damián e Alicia, Cabandié. Como Juan.

Luis Antonio Falco foi julgado e condenado, em 2011, a dezoito anos de prisão, pena máxima para os que se apropriaram de bebês alheios. Juan Cabandié pediu, através de seus advogados, uma pena maior, de 25 anos. Falco recorreu, e em 2012 sua pena foi rebaixada para catorze anos. Além dele, outras figuras relevantes do período de horror vivido pela Argentina entre 1976 e 1983 foram julgadas e condenadas, a começar pelos ditadores de plantão Jorge Rafael Videla e Reynaldo Bignone.

No julgamento, Juan foi testemunha de acusação. Vanina, que ele diz ser cada vez mais sua irmã de verdade, quis depor contra o pai. A Justiça não permitiu, por ela ser filha biológica do acusado. Vanina compareceu, ao lado de Juan, a todas as sessões. Luis Antonio Falco, não.

Juan continua chamando Teresa de sua "mãe de criação". Tem um contato cordial, embora distante, com ela. A Luis Antonio Falco se refere apenas como "meu expropriador".

Deixou de estudar psicologia e trabalhar numa empresa de informática e tornou-se, primeiro, funcionário do Ministério de Desenvolvimento Social, e, depois, deputado distrital da cidade de Buenos Aires, capital federal da Argentina. E mais tarde, foi eleito deputado nacional.

Acima de tudo, porém, se transformou num ativista pelos direitos humanos e em especial pelo direito à memória, à verdade e à justiça.

"Sempre fui Juan Cabandié", diz ele, "só que durante 26 anos eu não sabia".

Recuperar sua verdadeira identidade também significou, para ele, respostas para perguntas que rondavam suas noites e seus dias. Como podia ser, por exemplo, que, vindo do ambiente em que cresceu e da formação que recebeu, tivesse um espírito tão crítico, tão transgressor, tão revolucionário? Como, depois de ter como pai um agente da polícia federal tão violento e tão extremamente de direita que se jactava de ter saqueado casas invadidas de onde pessoas tinham sido sequestradas e, depois, desaparecidas, desde a adolescência dedicava todos os sábados a ir a favelas ou orfanatos fazer trabalho social? Qual a origem, a raiz daquele conflito?

Agora, tudo isso parece compreensível. Afinal, ele não era nem nunca foi Mariano, filho de um policial truculento, um torturador amigo de torturadores. Ele era Juan — Juan Cabandié.

"Quando eu era garoto", conta ele, "passei milhares de vezes pela calçada do trecho da avenida del Libertador onde ficava a ESMA. Eu ia a um clube vizinho. Lembro de ter visto, uma vez, um documentário sobre o campo clandestino de concentração que tinha funcionado ali. Mostrava as janelas dos quartos dos presos, das celas de tormento. Lembro que cada vez que passava por lá olhava aquelas janelas."

Fala, com estranha calma, do esquema de roubo de bebês criado e imposto pela ditadura. "Eles tinham o poder de tirar uma vida e dar uma vida, como se fossem deuses", diz ele. "Tiraram a vida dos 30 mil desaparecidos e deixaram que nascêssemos, os quinhentos bebês roubados. Apropriaram-se da vida dos militantes, da vida dos filhos dos militantes, da sua identidade. Fizeram esse horror."

(Em março de 2004, o presidente Néstor Kirchner transformou os prédios da ESMA num centro da memória. No ato de inauguração e de entrega do local aos movimentos de defesa dos direitos humanos e da memória, Juan Cabandié foi convidado a falar. E disse o seguinte:

"Aqui, neste lugar, roubaram a vida da minha mãe. Ela está desaparecida.

Aqui, neste lugar, criaram um plano macabro de roubo de bebês.

Aqui houve pessoas que se acharam impunes, fazendo de mim um joguete e tirando a minha identidade.

Tive muito tempo de procura, e há dois anos, mesmo sem ter elementos fortes, consegui entender o que eu procurava. 'Sou filho de desaparecidos', disse.

Há dois meses encontrei a verdade, quando a análise de DNA confirmou que sou filho de Alicia e Damián.

Agora sou Juan Cabandié-Alfonsín.

Eu sou meus pais, Damián e Alicia.

Minha mãe esteve aqui neste lugar, presa, e eu nasci aqui dentro, mas o plano sinistro da ditadura não conseguiu apagar o registro da memória que transitava pelas minhas veias e foi me aproximando da verdade.

Bastaram os quinze dias que minha mãe me amamentou e chamou de Juan para que eu dissesse aos meus amigos, antes de saber quem era a minha família, que queria me chamar Juan, como me chamou minha mãe durante o cativeiro aqui na ESMA. Em algum lugar isso ficou guardado.

Aqui dentro minha mãe me abraçava e me chamava de Juan, conforme contam suas companheiras que hoje podem contar.

Fui seu primeiro e único filho, e ela e eu teríamos gostado de estar lado a lado. Mas lamentavelmente mãos impunes me agarraram e me tiraram dos seus braços.

Hoje estou aqui, 26 anos depois, para perguntar aos responsáveis por essa barbárie se eles se animam a olhar-me cara a cara, olho no olho, e me dizer onde estão meus pais. Estamos esperando a resposta que a Lei do Ponto Final quis tapar.

Este é o princípio da verdade, graças a uma acertada decisão política, mas não basta se não chegarmos ao mais profundo. A verdade é liberdade, e como queremos ser integralmente livres, necessitamos saber a verdade total.

Agradeço à minha família que me buscou incansavelmente.

Agradeço às Avós da Praça de Maio e sua luta pela verdade.

Agradeço aos que foram sensíveis a esta luta e me ajudaram a recobrar a minha identidade.

Agradeço aos que apostaram na vida num contexto de tanta morte. É pelo que contaram e ajudaram que estou aqui na frente de vocês.

Agradeço aos que pensam e lutam por uma sociedade mais justa.

Agradeço aos que apostam na verdade e na justiça.

Pelos quatrocentos bebês que ainda falta recuperar.

Pelos dez bebês que nasceram aqui na ESMA e ainda não sabem disso.

Pelos que estão duvidando e sofrem.

Que nunca mais aconteça o que fizeram neste lugar.

Não podemos pôr em palavras a dor que sentimos pelos que já não estão.

Que isso não aconteça nunca mais. Nunca mais.

Muito obrigado.")

Argentina: a dor maior

Na última vez que Estela viu Laura, ela tinha 22 anos e uma gravidez de dois meses e meio. Era a mais velha de seus quatro filhos. Foi no domingo, 31 de julho de 1977, outro dia frio de um duro inverno argentino.

No dia seguinte, segunda-feira, Laura encontrou-se de novo com o pai, Guido. Pediu emprestada a caminhonete dele. Estava mudando de casa e havia muita coisa para transportar. Prometeu devolver às cinco da tarde. Laura costumava ser muito pontual.

De noite, como ela não apareceu, Guido foi atrás da filha. Estela quis ir junto. Sabia ela, sabiam os dois, que Laura militava na esquerda peronista, e que podia estar correndo perigo.

Mas Guido convenceu a mulher com um argumento concreto: era preciso ter alguém em casa, se Laura aparecesse. E também para cuidar dos filhos menores.

E aí, quem não apareceu foi ele. Guido foi e não voltou. Lá pela uma da manhã da terça-feira, 2 de agosto de 1977, Estela, acompanhada pelo irmão Ricardo, foi até a casa de Laura, a casa de onde ela estava se mudando, para ver o que tinha acontecido com o marido e a filha.

A casa estava toda iluminada, e um grupo de homens entrava e saía levando coisas. Era como uma mudança, mas não a que Laura tinha anunciado que ia fazer. Ninguém se muda, e menos ainda naquela época de ditadura, tensão e temor, à uma da manhã.

Guido não apareceu naquela madrugada nem no dia seguinte. Estela voltou até a casa de Laura e soube, por uma vizinha, que ele havia sido levado por um grupo de homens. Como se estivesse sendo preso.

Começou a procurá-lo por todos os lados. Décadas depois, diria: "Naquele tempo eu tinha uma ingenuidade que já não tenho. Achava que ele tinha sido preso e que seria solto a qualquer hora."

Em outro daqueles dias de turbilhão Estela recebeu um telefonema de Laura. Ela não sabia o que tinha acontecido com o pai. Havia desconfiado que sua casa tivesse sido cercada. Fugiu de lá e entrou na clandestinidade. Laura era militante da Juventude Universitária Peronista. Trabalhava no setor de difusão e propaganda. Como todas as organizações e associações da esquerda peronista, a JUP funcionava como linha auxiliar dos Montoneros, a guerrilha armada do movimento.

Sua irmã Claudia também militava na JUP. Estava casada com um irmão de María Claudia Falcone, uma das estudantes secundárias sequestradas e mortas num episódio trágico que se tornou conhecido como "A noite dos lápis", quando um grupo de adolescentes foi sequestrado e assassinado logo depois do golpe militar de março de 1976. Estela sabia disso, mas não sabia o que isso queria dizer. O peso disso tudo.

Laura avisou que a partir daquele dia telefonaria de algum lugar, uma vez por semana, para dar notícias. Não precisou avisar, estava implícito: se não ligasse, é porque tinha sido presa. Ou sequestrada. Porque naqueles tempos da Argentina havia os sequestros, as prisões ilegais. Pessoas sumiam sem deixar rastro algum.

Mas naquele outubro, a prioridade era outra. Era Guido. E Estela continuou a busca angustiada pelo marido.

Naquela altura da vida ela estava com 46 anos, era professora, mãe de Claudia e Laura, as duas casadas, e de dois filhos, Remo e Guido. Vivia uma rotina serena. Morava em La Plata, capital da província de Buenos Aires, a uns 60 quilômetros da cidade do mesmo nome, a Buenos Aires capital federal.

Quando, com o sumiço de seu marido Guido e a clandestinidade de sua filha Claudia, começou a mergulhar naquela vertigem que parecia não ter fim, ela e seus dois filhos passaram a dormir na casa de amigos. Sentiam medo o tempo todo.

Estela procurou o marido em hospitais e delegacias, em quartéis, em tudo que era canto. Recorreu a coroinhas e a padres, a bispos e arcebispos.

Uma de suas colegas de trabalho era irmã do general Reynaldo Bignone, que na época era o secretário-geral do Exército, uma espécie de vice-ministro da ditadura. Estela foi atrás dele. Bignone recebeu-a em sua casa, na cidade de Castelar, a uns 30 quilômetros de Buenos Aires, a capital federal. Um encontro afável, cordial, mas que não deu em nada.

Laura estudava história na Universidad de la Plata. Atrás de notícias de Guido, Estela foi procurar um professor dela, que sabia que era um homem de extrema direita. Lembra o nome dele: Patricio Errecalde Pueyrredón. Sobrenome de avenida em Buenos Aires.

Achou que alguém tão conservador poderia ajudar a encontrar o marido.

Passados alguns dias, veio a resposta: pediam um resgate de 40 milhões de pesos pela liberdade de Guido. Naquela época, seriam uns 30 mil dólares. Era muito dinheiro no final dos anos 70.

De novo, Estela foi procurar o irmão da colega de trabalho, o general Reynaldo Bignone. Ouviu uma frase que até hoje martela sua alma: "Veja só, minha senhora, como os justos pagam pelos pecadores..."

Bignone aconselhou-a a não pagar resgate algum. Disse que havia muita gente inescrupulosa nesse mundo. Que ia mandar alguém para ajudá-la. Não mandou ninguém, nunca.

Ela pagou. Vendeu coisas, apanhou dinheiro emprestado, e pagou.

E então Guido Carlotto reapareceu, depois de três semanas de sumiço. Voltou para casa pouco antes da meia-noite do dia 25 de agosto de 1977. Estava feito um fiapo, quinze quilos mais magro. Estava sujo, estava destroçado. E contou o que tinha acontecido com ele, o que tinha visto e ouvido.

Falou durante oito horas sem parar. No corpo esquálido, trazia as marcas dos tormentos. Contou dos gritos que ouvia, do choro uivado, das crises de vômito dos presos e das presas. Tinha sido levado para uma guarnição da polícia estadual de Buenos Aires, na mesma La Plata onde vivia. O tempo todo, entre uma sessão de tortura e outra, perguntavam a ele sobre suas duas filhas, Laura e Claudia. Queriam saber onde estavam. Ele não sabia, e dizia que não sabia.

E dizia também que, mesmo que soubesse, não diria.

Contou e recontou que um dos seus interrogadores era um homem muito elegante, com sapatos muito polidos e uma corrente no pescoço. Mais tarde soube que esse cavalheiro elegante era Ramón Camps, um general do Exército que a ditadura tinha transformado primeiro em chefe da polícia da província de Buenos Aires e depois, naquele mesmo agosto de 1977, em chefe máximo da Polícia Federal argentina.

Camps foi um dos repressores mais ferozes daquele período de breu. Defendia a tortura como método de investigação, defendia Hitler embora insistisse em dizer que não era nazista, condenava o sionismo e os judeus em geral. Controlava uma rede de centros clandestinos de prisão e tortura conhecida como "Circuito Camps".

Anos mais tarde, admitiria ter mandado matar mais de 5 mil pessoas e diria que os bebês nascidos em cativeiro tinham necessariamente de ser entregues a famílias bem estruturadas, ou seja, de militares e policiais, e não às famílias de suas mães, para evitar que fossem criados como subversivos.

Foi ele quem ergueu a cabeça de Guido e perguntou: "Você é o Carlotto?". Ouviu a resposta, fez uma espécie de afago desajeitado no prisioneiro. No dia seguinte, Guido foi solto. Camps era senhor da vida e da morte.

Mas quando padeceu os interrogatórios naquela guarnição policial de La Plata, quando passou por Ramón Camps, Guido Carlotto não sabia nada disso.

Vinte e cinco dias e um resgate de 40 milhões de pesos depois, foi solto.

E recomeçou, pouco a pouco, sua rotina. Ele, que tinha estudado química industrial, tinha uma empresa de pintura, uma vida acomodada.

Já na clandestinidade, uma vez por semana, sempre pontual, Laura telefonava ou mandava algum recado por escrito. Às vezes, pai e filha se encontravam, sempre encontros rápidos.

Às vezes, poucas, mãe e filha se reuniam em alguma confeitaria e tomavam um café juntas.

O último telefonema foi no dia 16 de novembro de 1977. Estela atendeu e conversou com a filha. Fizeram planos para uma curta temporada de férias — discreta, discretíssima — em alguma praia. Laura contou que sua barriga de grávida já era visível.

Foi a última vez que telefonou. Com o silêncio, Estela começou, então, sua segunda busca angustiada.

No dia 26 de novembro de 1976, depois de dez dias sem notícias de Laura, veio o pânico. Tudo que sabia era que a filha estava morando em Buenos Aires. Onde? Então, recomeçou sua peregrinação.

Procurou o mesmo intermediário do resgate de Guido, seu marido. Desta vez, se antecipou e disse que pagaria o que fosse pela liberdade da filha.

O valor tinha mais do que dobrado: pediram a ela 150 milhões de pesos, uns 115 mil dólares. No desespero, Guido conseguiu o dinheiro, que foi entregue no dia 13 de dezembro de 1977. Em vão.

Nesse meio-tempo, Estela de novo procurou o general Reynaldo Bignone. Que, desta vez, estava nervoso, alterado.

O encontro já não foi na residência dele: foi na sua sala de Comandante-Chefe do Exército. Bignone tinha sido promovido a secretário da Junta de Governo encabeçada pelo general Jorge Videla. Ao ser recebida, Estela notou que Bignone fez questão de colocar um revólver em cima da escrivaninha. Volta e meia, acariciava a sua coronha de madeira polida.

Ríspido, ao ouvir que ela buscava a filha, Bignone comentou: "Pois é, a gente pede que eles se entreguem, avisa que temos lugares para reeducar essa gente, e nada... Essa gente acaba na clandestinidade, ou então vai embora do país para nos difamar. Vai saber onde ela está..."

Estela, então, fez a ele um pedido simples: "Por favor, não matem a minha filha. Se ela cometeu algum delito, que seja julgada."

Depois, fez outro pedido: "Mas se ela já tiver sido morta, que por favor me entreguem o corpo." Explicou que não queria o mesmo destino de outras mães que se desesperavam percorrendo labirintos à procura de notícias de seus filhos ou de seus restos para poder enterrá-los.

Bignone pediu os dados de Laura, perguntou qual era seu pseudônimo na militância. Contou a história de um parente dele, do qual tinham implorado notícias. Ninguém encontrava esse parente, até que a família contou qual era o pseudônimo. E foi graças a esse pseudônimo que o cadáver foi encontrado.

Estela saiu dessa conversa com a amarga certeza de que sua filha tinha sido morta. Tratava de resistir a essa certeza, mas como?

Naquela altura, no entanto, Laura ainda estava viva, presa num centro clandestino de detenção que fazia parte do "Circuito Camps" e era conhecido como "La Cacha". Antes, tinha passado uma semana com o marido na ESMA, a Escola Superior de Mecânica da Armada, o mais tétrico centro clandestino de detenção, a cargo da Marinha. No dia seguinte ao da chegada a "La Cacha", fuzilaram seu marido. Laura, grávida, foi poupada.

Em abril de 1978, meses depois do desaparecimento de Laura, uma mulher apareceu na firma de Guido Carlotto. Contou que dias antes tinha sido solta de um centro clandestino de detenção, onde estivera com Laura. A mulher havia sido levada quase por engano: seu crime foi abrigar um sobrinho que, sem que ela soubesse, estava sendo procurado.

A mulher contou que Laura estava no sexto mês de gravidez. Contou que o bebê nasceria em junho. Graças ao fato de estar grávida, Laura era bem tratada — ao menos, para os padrões das masmorras do horror. Sua comida era melhor, e podia, de vez em quando, tomar mate. Dormia num colchonete, e não no chão. E deixavam que ela caminhasse, enquanto os outros presos eram obrigados a ficar sentados, algemados e com grilhões nos pés.

A mulher não sabia dizer como se chamava ou onde ficava a prisão. Contou que havia galpões, que de noite fazia um ar de campo, que uma vez por dia ouviam o apito de um trem. E que havia cães, muitos cães que ladravam sem parar.

Estela sabia da militância das duas filhas. Muitas vezes recriminara a serenidade de Laura. Pedia que ela fosse embora do país. Fazia meses que Claudia, sua outra filha, vivia escondida com o marido, Jorge. Eram as únicas militantes da família.

Estela e Guido sabiam das atividades das filhas, mas nos almoços de domingo, quando todos se reuniam, não se falava de política. Com o golpe militar de março de 1976, a preocupação se multiplicou.

Depois que Laura passou para a clandestinidade, nas poucas vezes que pôde estar com o pai, ouviu pedidos para que saísse da Argentina. A resposta era sempre a mesma: dizia que, na ordem das coisas, não tinha importância alguma, que ninguém perderia tempo indo atrás dela. Vivia na clandestinidade por questões de segurança, de reforçar a segurança.

Era o que dizia. E era verdade: sua militância era periférica, não tinha maior importância na ordem das coisas grandes.

Mas certamente sabia também que as coisas não eram bem assim. Naquela Argentina inaugurada formalmente no dia 24 de março de 1976, qualquer militante era considerado pelos militares um inimigo a ser trucidado. Tanto fazia se sua tarefa era uma ação armada, um assalto a banco, ou distribuir panfletos, passar informações à imprensa estrangeira ou abrigar alguém em casa.

Laura estava viva. Para Estela, era o que bastava para continuar tratando, de maneira tão desesperada como inútil, de tirá-la de onde quer que estivesse e mandá-la para fora do país.

Naquela época havia, na Argentina, uma lei que determinava que os presos que estivessem à disposição do Poder Judicial poderiam passar para a tutela do Poder Executivo e pedir para serem extraditados. Estela queria conseguir isso para Laura. E queria, claro, a guarda do bebê que Laura estava por trazer ao mundo.

Assim seguiu a vida, entre assombros e temores, até a sexta-feira, 25 de agosto de 1978. Naquele dia, chegou à casa de Estela e Guido uma intimação sucinta: "Os progenitores de Laura Carlotto são convocados em caráter urgente na delegacia de polícia de Isidro Casanova. Onde serão comunicados dos motivos desta." Assim, nessa linguagem estranha dos tabaréus e bacharéis.

Entre La Plata e Isidro Casanova há uma distância de uns 85 quilômetros. Enquanto La Plata é uma cidade importante, capital da província mais populosa da Argentina, Isidro Casanova só tinha sido elevada à categoria de cidade em 1974, ou seja, quatro anos antes daquela estranha intimação.

Naquele 1978, tinha menos de 70 mil habitantes. Claro que a intimação estava relacionada com Laura. Ricardo, irmão de Estela e padrinho de Laura, acompanhou o cunhado e a irmã.

Saíram de La Plata quando anoitecia. No caminho até a delegacia de Isidro Casanova tiveram tempo para imaginar o que iria acontecer.

Primeiro, pensaram que não haviam conseguido encontrar Laura porque ela estava presa naquela delegacia de uma cidade sem significado algum.

Em seguida imaginaram que não, que ela tinha estado em algum centro clandestino e que havia sido levada para a delegacia de Isidro Casanova para que seu sequestro fosse transformado em prisão legal e que seria solta, entregue aos pais. E melhor de tudo: com o filho que teria nascido um ou dois meses antes.

Nesse estado de ansiedade que serve, sobretudo, para esconder e calar pensamentos mais terríveis, os três chegaram à delegacia quando já era noite.

Recebidos por um policial de plantão, e passados alguns minutos, foram levados à sala do subdelegado, que os recebeu de pé, atrás da escrivaninha, e fez questão de deixar claro que não os convidaria a sentar.

De uma gaveta, tirou um documento, que estendeu para Estela, perguntando se ela conhecia "essa pessoa". Estela disse: "Sim, conheço, é Laura." O policial então perguntou a ela e o marido: "E o que vocês são dela?"

E ao ouvir que eram os pais de Laura, o mesmo policial disse: "Bem, sinto muito, mas ela faleceu." O verbo foi exatamente este: "faleceu".

Quando conseguiu arrancar algum som da alma, Estela gritou como nunca. Disse que Laura não tinha "falecido". Que tinha sido assassinada, depois de nove meses. E chamou de assassinos, de covardes, de canalhas, de criminosos, os policiais, os militares. O subdelegado ouviu tudo sem mover um músculo do rosto.

Estava acostumado até a coisas piores, cada vez que entregava um corpo às famílias.

O que aconteceu depois foi rápido: Guido e Ricardo, irmão de Estela, foram até o pátio da delegacia. O policial abriu a porta lateral de um furgão. No piso da parte de trás, estava o corpo de Laura, ao lado do de um jovem.

Seu corpo estava coberto por jornais. O rosto de Laura estava desfigurado. Os tiros haviam entrado pela nuca e saído pelo rosto. Havia jornais para cobrir a marca de outros tiros em seu ventre. Ela estava seminua. Vestia um sutiã negro, de rendas. Usava meias soquete, verdes.

Estela pediu ao homem da empresa funerária que recompusesse o rosto, os traços da filha. Queria um velório com o ataúde aberto. Queria mostrar o horror.

O homem disse que não havia como. Nunca mais ninguém veria o rosto de Laura, que era especialmente belo, ousado, desafiante, lançado na direção do amanhã.

No caminho de regresso a La Plata, no maremoto de um desespero sem fim, Estela se perguntava: se era para ser assim, por que devolviam a ela o corpo da filha no mesmo dia em que tinha sido assassinada?

Naqueles tempos de breu, pouquíssimas mães tinham o direito de ter de volta o cadáver dos filhos. Teria sido para ter esse privilégio que pediram a ela os milhões de pesos de resgate? Para resgatar um corpo destroçado? Não, não poderiam ter chegado a tanto. E então entendeu: por trás daquele privilégio um tanto macabro, daquela devolução do corpo sem vida da sua filha mais velha, estava Reynaldo Bignone, o poderoso senhor da vida.

Sem documento algum que certificasse que aquele corpo jovem e desfigurado era o de sua filha, porque ninguém deu a eles papel algum, Guido e Estela enterraram Laura no cemitério de La Plata no domingo, 27 de agosto de 1978.

Foi enterrada como "identidade desconhecida". O casal levou anos até ter o direito legal de pôr na tumba uma placa com o nome da filha.

As ironias da vida podem ser curiosas, podem ser amargas. E podem ser cruéis.

Na segunda-feira, 28 de agosto de 1978, três dias depois do horror maior, Estela recebeu finalmente a resposta a um habeas corpus que tinha apresentado à Justiça meses antes, acompanhada pelas mulheres dos grupos de Mães e Avós da Praça de Maio.

A resposta dizia o seguinte: "Laura Carlotto jamais esteve presa. Seu paradeiro é desconhecido."

Assim era a vida naquela Argentina. Assim se morria naquela Argentina.

Para Estela de Carlotto, começava outra busca, ainda mais angustiante, ainda mais desesperada. Tudo que ela sabia é que Laura tinha tido um filho, e que havia dito a suas companheiras de tormento que o nome do filho era Guido, como o pai, como o irmão.

Estela perguntou ao policial de Isidro Casanova, aos gritos, onde estava o bebê, o filho de Laura. "Não sei nada de bebê, não tem nenhum bebê", respondeu, sempre impassível, o policial.

A vida de Estela seria dedicada, a partir daquele momento, a encontrar esse bebê. A resgatar Guido, último legado de sua filha mais velha.

A procura foi angustiada, de uma angústia solitária — mas Estela não estava nem está sozinha.

Havia e há um grupo de mulheres que trataram de apoiá-la, de ajudar no que fosse possível, acompanhar até onde desse, e mais.

Poucos meses antes do sequestro de Laura, um grupo de mulheres passou a se reunir toda quinta-feira na Praça de Maio, onde fica a Casa Rosada, sede da presidência argentina. Chegavam caladas, e caladas circulavam ao redor da grande praça.

Levavam fraldas cobrindo os cabelos, como lenços brancos, e cartazes onde pediam por seus filhos. Queriam ter de volta os seus filhos, sequestrados e levados para centros clandestinos de prisão e tormento.

Eram as Mães da Praça de Maio, chamadas de Loucas da Praça de Maio pelos militares — os mesmos que haviam sequestrado seus filhos e diziam não saber deles.

Essas mulheres — a maioria delas sem militância alguma, muitas sem jamais terem prestado a menor atenção nas coisas da política — foram um dos símbolos mais dramáticos do que o país vivia. Além disso, foram, no exterior, uma das imagens mais eloquentes do que a ditadura militar promoveu na Argentina: o sequestro e a eliminação maciça de militantes da oposição, fosse qual fosse seu grau de envolvimento em ações contra o regime. Porque, naqueles tempos, as pessoas eram levadas sem ordem legal alguma, sem ter nem um único de seus direitos respeitados, e sumiam.

As pessoas não eram presas: desapareciam. Não havia a quem recorrer para assegurar pelo menos um processo jurídico normal, com direito a defesa e, no caso de condenação, a uma prisão conhecida. Não havia nada disso. Pais, mães, filhos, companheiros percorriam delegacias, tribunais, quartéis, em busca de notícias dos desaparecidos. E não conseguiam nada.

Foi assim que esse grupo de mulheres, depois de se reunir por meses tratando de ajudar umas às outras na procura do paradeiro de seus filhos, resolveu levar seu apelo à Praça de Maio.

E numa das quintas-feiras de outubro de 1977, em plena ronda ao redor da praça — a ordem da polícia, quando as mulheres se reuniam, era "circulem, circulem", por isso elas caminhavam em círculos —, uma das mães perguntou: "Quem aqui também está procurando o neto, ou é mãe de alguém que foi presa grávida?"

E surgiu o movimento das Avós da Praça de Maio, as mulheres que buscavam os filhos ou filhas de seus filhos ou filhas sequestrados. A Associação foi fundada no dia 22 de outubro de 1977. Sua missão: buscar os netos nascidos em cativeiro.

A ideia era dividir tarefas, fazer de maneira organizada sua busca angustiada. Começaram por recorrer à Corte Suprema de Justiça argentina, à ONU, ao Vaticano, a tudo. Queriam saber onde estavam suas filhas grávidas. E o que tinha acontecido com os bebês nascidos em cativeiro.

E, ao mesmo tempo, diante do silêncio que recebiam, começaram a investigar por conta própria. Entenderam rapidamente que não contariam com ninguém além delas e de seu próprio esforço. Foi então que sua história ganhou voo.

Na Argentina, seu trabalho minucioso, pequeno, de formigas mínimas e obstinadas investigando sem cessar, tinha pouco ou nenhum espaço.

No começo, eram doze e se reuniam na casa de uma delas, Chicha Mariani, em La Plata, capital da província de Buenos Aires, onde se concentra a maior parte — 40% — da população da Argentina.

Quando tinham de se encontrar em Buenos Aires, a capital federal, a uns 60 quilômetros de distância, usavam códigos quase inocentes. Assim, por exemplo, quando uma dizia a outra "nos vemos na floricultura", estavam marcando um encontro na confeitaria "Las Violetas", uma das mais tradicionais da cidade.

Eram menos visíveis que as Mães da Praça de Maio, o que de certa forma dava a elas algum — escasso, mínimo — espaço de segurança.

A brutalidade do regime era imensurável. Esse ínfimo espaço de segurança não impediu, por exemplo, que a casa de Chicha Mariani fosse literalmente metralhada, bombardeada e destroçada em La Plata, ou que várias das avós fossem espionadas, seguidas, ameaçadas.

Além da angústia de sua busca, viviam debaixo de tensão permanente. Mas continuavam sua peregrinação: buscavam seus netos e netas em orfanatos, em paróquias, pediam ajuda de políticos. Tudo que recebiam de volta era silêncio, negativas, reticências.

No começo de 1979, duas das avós viajaram ao Brasil, para um primeiro contato com o Comitê de Defesa dos Direitos Humanos no Cone Sul, vinculado ao arcebispado de São Paulo.

Foi uma viagem de aventura: não conheciam a cidade, tinham pouquíssimo dinheiro. Acabaram se hospedando num hotel no Centro, perto da zona mais boêmia. Estranhavam o intenso movimento de casais que subiam e desciam as escadas noite afora. E se assombravam com a maquiagem das moças e a exiguidade do tamanho de suas saias.

Mas foi também uma viagem extremamente proveitosa: elas puderam recolher depoimentos de sobreviventes dos centros clandestinos de detenção na Argentina, que confirmaram vários casos de bebês nascidos em cativeiro, cujas mães foram assassinadas.

Os relatos eram horrendos: muitas vezes as presas davam à luz amordaçadas e com os olhos vendados. Muitas vezes os partos eram induzidos sem necessidade alguma, da mesma forma que muitas operações cesarianas foram feitas para apressar o nascimento dos bebês, que, na imensa maioria dos casos, foram roubados e entregues a policiais ou a militares.

Era pouco o tempo que, naqueles centros clandestinos de detenção, naqueles campos de concentração, as mães tinham para ficar com seus filhos recém-nascidos.

Havia confirmação desses nascimentos, mas nada se sabia do destino dos bebês. E foi com base nessa informação que a Associação das Avós da Praça de Maio, com apoio do cardeal arcebispo dom Paulo Evaristo Arns e de seu comitê, chamado muito apropriadamente de

Clamor, pôde estender suas investigações para além das fronteiras da Argentina.

Em agosto de 1979, as avós encontraram no Chile duas crianças, Anatole e Victoria Julien Grisonas. Elas não tinham nascido em cativeiro: haviam sido presas junto com os pais, que continuam desaparecidos, e dadas em adoção. Foram os primeiros netos recuperados.

O trabalho das avós cresceu. Antes do final de 1979, elas entregaram à Comissão Interamericana de Direitos Humanos da OEA uma lista de 5.566 casos comprovados de sequestros ilegais praticados pelo regime militar argentino — 5.566 desaparecidos.

Uma extensa rede de informantes — em geral, sobreviventes dos campos de concentração da ditadura — permitiu que elas comprovassem a existência de um plano sistemático de roubo de bebês.

Esse plano incluía maternidades clandestinas, médicos e até uma espécie de lista de espera de pessoas dispostas a adotar filhos de desaparecidos, para educá-los longe da subversão de seus pais e de suas famílias.

Para o regime dos generais, os filhos dos sequestrados deveriam, necessariamente, perder sua identidade, desconhecer sua história, sua origem. O regime considerava que as ideias de seus pais podiam ser hereditárias. Portanto, era preciso cortar qualquer vínculo familiar.

Com o tempo, foi possível comprovar que houve variações na metodologia que determinou o destino não só dos bebês nascidos em cativeiro, mas também, e isso talvez seja ainda mais cruel, das crianças sequestradas junto com os pais. Isso, antes que o plano fosse estruturado e implantado, em meados de 1978.

Houve casos de casais jovens que foram presos e que tinham filhos pequenos que foram entregues a vizinhos. Na maioria das vezes, esses vizinhos entregaram as crianças às famílias de seus pais.

Mas também houve crianças pequenas que foram entregues pelos sequestradores de seus pais a instituições que atendiam casais interessados em adoção, e outras que foram entregues a vizinhos que acabaram ficando com elas, forjando certidões de nascimento. Ou seja, alguns casais adotaram de boa-fé, naquele período, crianças que eram filhos de sequestrados que depois foram mortos, os desaparecidos, cuja sombra continua pairando sobre os argentinos. E outros simplesmente se apropriaram delas.

Tudo isso foi descoberto ao longo do tempo, num trabalho organizado que foi se desdobrando e se expandindo. Em três anos — entre 1980 e 1983 —, as Avós da Praça de Maio recuperaram cinco crianças que tinham sido roubadas. Em outubro de 2013, esse número já tinha chegado a 109. Os cálculos indicam que cerca de quinhentos recém-nascidos tiveram esse destino.

O escritor uruguaio Eduardo Galeano conta como trabalhavam as "avós-detetives", como chamou, carinhosamente, as Avós da Praça de Maio. Falando do ano de 1983, diz ele:

Enquanto se desintegra a ditadura militar na Argentina, as Avós da Praça de Maio andam em busca dos netos perdidos. Esses bebês, aprisionados com seus pais ou nascidos em campos de concentração, foram repartidos como butim de guerra; e vários têm como pais os assassinos de seus pais. As avós investigam a partir do que houver, fotos, dados soltos, uma marca de nascimento, alguém que viu alguma coisa, e assim, abrindo passo a golpes de sagacidade e de guarda-chuva, já recuperaram alguns.

Tamara Arze, que desapareceu com um ano e meio de idade, não foi parar em mãos militares. Está numa aldeia suburbana, na casa da boa gente que a recolheu quando foi apanhada por aí. A pedido da mãe, as avós empreenderam a busca. Contavam com poucas pistas. Após um longo e complicado rastrear, a encontraram. Cada manhã, Tamara vende querosene num carro puxado por um cavalo, mas não se queixa da sorte; e a princípio não quer nem ouvir falar da sua mãe verdadeira. Muito aos pouquinhos as avós vão explicando a ela que ela é filha de Rosa, uma operária boliviana que jamais a abandonou. Que uma noite sua mãe foi capturada na saída de uma fábrica, em Buenos Aires...

E também como foi, em 1982, o reencontro da mãe sobrevivente e Tamara, a filha de 10 anos que ela não tinha tornado a ver:

Rosa foi torturada — sob o controle de um médico que interrompia a tortura eventualmente —, violentada e fuzilada com balas de festim. Passou oito anos presa, sem processo nem explicação, até que no ano passado a expulsaram da Argentina. Agora, no aeroporto de Lima, espera. Por cima dos Andes, sua filha Tamara vem voando rumo a ela.

Tamara viaja acompanhada por duas avós que a encontraram. Devora tudo que servem no avião, sem deixar uma migalha de pão ou um grão de açúcar.

Em Lima, Rosa e Tamara se descobrem. Olham-se no espelho, juntas, e são idênticas: os mesmos olhos, a mesma boca, as mesmas pintas nos mesmos lugares.

Quando chega a noite, Rosa banha a filha. Ao deitá-la, sente um cheiro leitoso, adocicado; e torna a banhá-la. E outra vez. E por mais que esfregue o sabonete, não há maneira de tirar-lhe esse cheiro. É um cheiro raro... e de repente, Rosa recorda. Este é o cheiro dos bebês quando acabam de mamar: Tamara tem 10 anos e nesta noite tem cheiro de recém-nascida.

Com o tempo, as avós-detetives de Galeano fizeram de tudo. Uma delas foi trabalhar como empregada doméstica numa casa onde havia uma criança suspeita de ter sido roubada. Outra se disfarçou de enfermeira, outra se internou em um hospital psiquiátrico para ir atrás de uma pista. Aprenderam a se comunicar em código.

Aprenderam a decifrar a confusa linguagem da burocracia. Souberam enfrentar a indiferença da hierarquia católica, dos tribunais, das delegacias de polícia. E passaram a viajar, a procurar no exterior espaço para suas denúncias e eco para suas vozes. Aos poucos foram surgindo doadores, outras fundações passaram a contribuir com recursos. Advogados, antropólogos, psicólogos e especialistas em genética começaram a trabalhar como conselheiros informais. Assim, passo a passo, as Avós da Praça de Maio conseguiram avanços formidáveis em sua tarefa de encontrar os netos desaparecidos no turbilhão dos anos de horror. Depois de reuniões com os especialistas da Sociedade Americana para o Progresso da Ciência, nos Estados Unidos, esperaram um ano até que fosse desenvolvida a técnica de identificar pessoas através de amostras de sangue. Ou seja, comprovar se determinada pessoa fazia ou não parte de determinado núcleo familiar — o DNA.

As Avós tinham se reunido com Mary Claire King e Cristian Orengo, expoentes da Sociedade Americana para o Progresso da Ciência, e esperaram até terem a resposta definitiva: através de exames de mostras de sangue era possível determinar a paternidade, com 99,99%

de precisão. Para isso, não era preciso contar com mostras diretas dos pais desaparecidos: os avós serviam como fonte identificadora.

O primeiro caso de restituição da identidade de uma criança roubada com base na análise genética aconteceu em 1984, quando as Avós localizaram Paula Logares. Ela tinha sido sequestrada com seus pais em maio de 1978, no Uruguai, e foi parar nas mãos de um torturador que forjou uma certidão dizendo que era sua filha dois anos depois de seu nascimento.

Em 1986, foi localizada Elena Gallinari Abinet, também registrada como filha por um oficial da polícia da província de Buenos Aires. Graças ao DNA, foi possível comprovar que na verdade Elena era filha de Leonor Abinet, presa em setembro de 1976, quando faltavam dois meses para dar à luz. Ela foi a primeira criança nascida em cativeiro a ser encontrada, identificada e recuperada.

Depois vieram outras, muitas outras. Mas ainda faltam muitas mais, que continuam sendo procuradas, incansavelmente, incessantemente. São quase 400 que vivem, sem saber, uma vida que não é a delas.

Até a terça-feira, 5 de julho de 2014, um desses netos procurados achava que seu nome era

Ignacio Hurban e que tinha nascido em junho de 1978, filho de um peão de campo e de uma dona de casa. O casal trabalhava na fazenda de Francisco Aguilar, um homem com muitos e estreitos vínculos com os militares na época da ditadura.

Morador de Olavarría, na província de Buenos Aires, a uns 350 quilômetros da capital, torcedor do River Plate, músico profissional, professor no Conservatório e da Escola de Música da cidade, tocou e gravou com cantores e compositores importantes da Argentina e de outros países. Seu trabalho se dá principalmente na área da fusão entre o jazz e o tango.

No dia 24 de março de 2014, quando se cumpriram 36 anos do golpe militar que instaurou a mais feroz e sanguinária das ditaduras argentinas, ele compôs uma canção chamada "Para la memoria". Não foi a primeira vez que se aproximou da questão dos mortos e desaparecidos pelo terrorismo de Estado: antes, havia participado de uma das festas promovidas pela Associação das Avós da Praça de Maio, onde tocou na presença da sua presidente, Estela de Carlotto. Nessas festas são estendidas grandes faixas com uma pergunta: "Você sabe quem é?" Essa pergunta faz parte da campanha das

Avós para estimular pessoas na faixa dos 30 a 40 anos que têm dúvidas sobre sua identidade a buscar a verdade.

No começo de 2014 Ignacio Hurban ouviu de um amigo de seus pais que ele era filho adotivo. Já desconfiava disso fazia algum tempo. Em junho, foi, então, procurar as Avós da Praça de Maio, que o encaminharam para o Conselho Nacional pelo Direito de Identidade, dirigido por Claudia Carlotto, filha de Estela e irmã de Laura, assassinada pela ditadura e que havia tido um bebê no cativeiro. Fizeram os exames de DNA.

Na terça-feira 5 de julho Ignacio foi chamado ao gabinete da juíza Maria Servini de Cubría. E ficou sabendo que na verdade ele era Guido Carlotto Montoya. Que seus pais eram Laura Carlotto e Walmir Oscar Montoya, que também era músico: tinha uma banda de rock. Os dois eram Montoneros, a esquerda armada peronista.

Naquela mesma tarde, uma pequena multidão de amigos, militantes de organismos de defesa de direitos humanos, vários netos recuperados e a família de Estela de Carlotto se reuniram na sede da Associação das Avós da Praça de Maio, onde se defrontaram com um batalhão de jornalistas.

E então Estela anunciou que havia sido identificado mais um neto desaparecido, o de número 114. O seu neto.

No dia seguinte os dois finalmente se encontraram. Estiveram juntos por seis horas. E Estela, que dizia que não queria morrer sem abraçar o neto, filho de Laura, pôde enfim apertá-lo contra seu coração infatigável.

Aos seus 83 anos Estela começou uma nova vida. Aos 36, seu neto também. Uma vida que foi roubada dos dois durante todo esse tempo em que Guido viveu achando que era Ignacio. Nessa nova vida de Estela, uma coisa não mudará: ela continua encabeçando a luta das avós. Afinal, há outros quase 400 argentinos e argentinas que não sabem quem são. Que tiveram suas vidas e sua verdade roubadas.

Este livro foi composto na tipologia Times
Europa LT Std, em corpo 11,5/17, e impresso
em papel off-white no Sistema Cameron da
Divisão Gráfica da Distribuidora Record.